manual de aplicação de
MATEMÁTICA FINANCEIRA

TEMAS BÁSICOS
QUESTÕES-CHAVE
FORMULÁRIOS &
GLOSSÁRIOS

CB055232

JOSÉ ANTÔNIO RODRIGUES
GILMAR DE MELO MENDES

manual de aplicação de MATEMÁTICA FINANCEIRA

TEMAS BÁSICOS
QUESTÕES-CHAVE
FORMULÁRIOS &
GLOSSÁRIOS

FGV
EDITORA

ISBN 978-85-225-0591-3

Direitos desta edição reservados à
EDITORA FGV
Rua Jornalista Orlando Dantas, 37
22231-010 — Rio de Janeiro, RJ — Brasil
Tels.: 0800-021-7777 — 21-3799-4427
Fax: 21-3799-4430
e-mail: editora@fgv.br — pedidoseditora@fgv.br
web site: www.fgv.br/editora

Impresso no Brasil / *Printed in Brazil*

Os conceitos emitidos neste livro são de inteira responsabilidade dos autores.

1ª edição — 2007
1ª reimpressão — 2009; 2ª reimpressão — 2011;
3ª reimpressão — 2014

Editoração eletrônica: FA Editoração

Revisão: Aleidis de Beltran, Fatima Caroni e Marco Antonio Corrêa

Capa: Cuca Design

Ficha catalográfica elaborada pela Biblioteca
Mario Henrique Simonsen/FGV

Rodrigues, José Antônio do Amaral
    Manual de aplicação de matemática financeira: temas básicos, questões-chave, formulários e glossários, problemas destacados / José Antônio Rodrigues, Gilmar de Melo Mendes. — Rio de Janeiro : Editora FGV, 2007.
    252p.

    Inclui bibliografia.

    1. Matemática financeira. 2. Investimentos — Matemática. I. Mendes, Gilmar de Melo. II. Fundação Getulio Vargas. III. Título.

                                        CDD — 513.93

Sumário

Introdução

Muitos bons livros têm sido editados na área acadêmica apresentando e desenvolvendo em detalhes os conceitos e as aplicações de matemática financeira. Muitos cursos têm formado e aperfeiçoado especialistas que se dirigem para controles e gerenciamento em diversos campos do mercado financeiro, utilizando essa ferramenta.

Cabe observar que esse amplo material bibliográfico é usado com dificuldade pelos estudantes e profissionais de outras áreas que não a financeira. Os motivos repousam na dificuldade gerada pela técnica de exposições didáticas detalhistas, com deduções de fórmulas, apresentações alongadas de raciocínio, conteúdo com grande volume de exercícios, sem as devidas classificações, ordenações e priorizações dentro de cada item em prol do interesse prático exigido pela maioria dos profissionais não financeiros e por outros estudiosos que se orientam para o mercado financeiro.

A presente obra procura estabelecer a apresentação dos temas práticos relevantes que são resolvidos com ajuda da matemática financeira, através de uma série de questionamentos-chave, progressivamente desenhados para que as respostas objetivas encaminhem o conhecimento às soluções pretendidas.

Procura-se fugir do padrão tradicional da didática utilizada na matéria, ordenando-se o conhecimento de forma gradual e progressiva no tocante aos conceitos e aplicabilidade prática dos temas-chave relevantes da matemática financeira.

Ao se tentar responder de forma pragmática às questões de maior interesse dentro do campo de aplicação da matemática financeira, está-se realizando também um grande glossário, não só de conceitos mas espacialmente das utilidades práticas da disciplina, talhadas não só para os especialistas financeiros, mas também para todos aqueles que têm que aplicar raciocínios financeiros ligados a cálculo de valores e remuneração de capitais aplicados, como os profissionais de produção, de administração, de vendas e marketing, além de outros.

Os questionamentos-chave são seguidos pelas fórmulas básicas sobre cada tema, como também com exercícios de aplicações mais destacáveis.

Esta obra serve também para base de estudos para concursos e entrevistas que colocam a matemática financeira como um dos pré-requisitos de seus exames e pautas. Em complemento às 333 perguntas-chave encontram-se formulários compactos e cerca de 217 problemas básicos resolvidos e destacados para as principais aplicações que foram priorizadas nesta obra.

A estrutura do conteúdo das perguntas essenciais selecionadas é dividida em 19 capítulos estruturados para um conhecimento objetivo dos conceitos, termos, fórmulas, instrumentos e aplicações que a matemática financeira ajuda a resolver na vida particular das pessoas e no desempenho econômico-financeiro das organizações empresariais.

Sobre matemática financeira

Objetivos

Este capítulo apresenta questões fundamentais de forma conceitual geral sobre:

❏ função da matemática financeira;
❏ definição e cálculo dos juros e de rendimento dos negócios;
❏ regime de juros – simples e compostos;
❏ temas matemáticos de suporte da matemática financeira.

I- Questões-chave sobre matemática financeira

1. Qual o campo de aplicação da matemática financeira?

A matemática financeira trata dos instrumentos de cálculo de valores e taxas de juros relacionadas com a aplicação de capitais e com empréstimos e financiamentos contraídos por pessoas físicas ou jurídicas.

2. Quais os regimes de cálculo dos juros e de suas taxas na matemática financeira?

Os regimes de cálculo utilizados pela matemática financeira são o dos juros simples e o dos juros compostos. O primeiro aplicado nas operações de curto prazo e o segundo nas de médio e longo prazos.

3. Qual a definição básica de juros?

Os juros são as remunerações correspondentes a ganhos de aplicações de capitais por determinado prazo ou relativas a pagamentos a empréstimos e financiamentos contraídos por pessoas físicas ou jurídicas.

4. A matemática financeira serve para cálculos de taxas de variação ou rendimentos de investimentos em fábricas e negócios?

Positivo. Os conceitos de rendimentos e taxas financeiras definidas como juros bem como os cálculos matemáticos correspondentes podem ser adaptados e ajustados para os cálculos e taxas de rentabilidade referentes a investimentos em atividades produtivas reais. A associação a ser efetuada é entre aplicação financeira ou empréstimo financeiro com o valor de um investimento em um empreendimento. Por outro lado, a remuneração financeira ou juros do capital de aplicação deve ser associada ao fluxo de caixa líquido gerado pelas operações do negócio implantado pelo investimento.

5. Quais os temas matemáticos básicos para a fundamentação dos conceitos e fórmulas da matemática financeira?

Além dos conhecimentos fundamentais de aritmética e álgebra (frações, proporções, regra de três, percentagens, exponenciação, radiciação e equações de primeiro grau), a matemática financeira depende especificamente dos conceitos, propriedades e fórmulas das progressões aritméticas – caso dos juros simples – e das progressões geométricas – caso dos juros compostos.

2

Sobre juros e remuneração de capital

Objetivos

Este capítulo trata essencialmente de questões relativas a:

- conceito de juros;
- mutuários e mutuantes;
- taxa de juros;
- taxas fixas e variáveis;
- importância macroeconômica dos juros;
- variabilidade de taxas de juros;
- taxas brutas e taxas líquidas de juros;
- taxas nominais e taxas reais de juros;
- fatores de elevação da taxa de juros;
- relação entre taxa de juros e taxa de câmbio.

I- Questões-chave sobre juros e remuneração de capital

1. Qual o conceito básico de juros?

Juro ou interesse é a remuneração ganha ou paga pela aplicação ou utilização de determinado capital durante um certo prazo. Quanto maior o prazo de aplicação ou utilização de certo capital tanto maior deverá ser o valor total dos juros referentes à operação.

2. Quem pode cobrar juros?

Oficialmente, somente as instituições financeiras podem cobrar e pagar explicitamente juros nos empréstimos e nas aplicações financeiras. Isto é, exatamente o seu objetivo social.

3. Fornecedores de uma empresa podem cobrar juros ao vender mercadorias e produtos a prazo?

A cobrança de juros por venda a prazo de um fornecedor não pode ser efetivada explicitamente, mas sim de forma embutida nos preços das faturas de venda. Para a venda à vista o preço é R$ 200, por exemplo. Para a venda de produto e recebimento em 60 dias, o preço para a operação é R$ 220. Tudo se passa como se houvesse um desconto comercial de R$ 20 para a operação ser concretizada à vista. Essa diferença deve ser tratada como um desconto e não como um juro, que só as instituições financeiras podem cobrar de forma explícita e oficial.

4. O que é taxa de juros?

Uma taxa de juros é a relação entre o valor da remuneração paga ou recebida e o valor do capital emprestado ou aplicado, referente ao período da operação. Se um empréstimo de R$ 1.000 é concedido pelo prazo de um ano, sendo os juros cobrados de

R$ 80 no período, a taxa de juros do empréstimo foi de $\dfrac{R\$\,80}{R\$1.000}$ = 8% naquele mês.

No caso de um investidor que aplicou R$ 20.000 em um certificado de depósito bancário e recebeu um juro de R$ 1.200 em um ano da aplicação, a taxa de juros

da aplicação desse investidor foi de $\dfrac{R\$1.200}{R\$20.000}$ = 6% nesse ano.

$$\text{Taxa de juros:}\quad \frac{\text{Remuneração no período}}{\text{Capital aplicado ou emprestado}}$$

Vale observar que uma taxa de juros é referida a um prazo básico, seja ele anual (o mais comum em países desenvolvidos), semestral ou mensal.

5. As taxas de juros são fixas ou variáveis?

Em um determinado esquema de aplicação financeira ou de um empréstimo bancário em geral é estabelecida uma taxa de juros de referência fixa, que vale ao longo do prazo global da operação. Entretanto, muitas operações ou tipos de empréstimos podem estipular como referência uma taxa de juros vinculada a outro indicador, que pode variar ao final de determinados prazos acertados, valendo novo valor para o período subsequente, e de acordo com regras previamente conhecidas. Por exemplo, de seis em seis meses um empréstimo poderá ter os juros correspondentes baseados no comportamento da LIBOR, taxa interbancária das operações financeiras em Londres.

6. Por que os juros são importantes para a gestão macroeconômica de um país?

As taxas de juros de captação (passivas) são importantes pelo grau de atração que elas provocam no interesse dos poupadores, naqueles que têm excesso de recursos e não desejam gastá-los totalmente em consumo, comprando bens e serviços, mas sim abrindo mão temporariamente dos mesmos nas aplicações financeiras remuneradoras e, assim, adiando as compras para o futuro. As poupanças geradas e aplicadas são matéria-prima das instituições financeiras para fornecimento de empréstimos – operações ativas – que irão apoiar parte dos investimentos das empresas e/ou financiar consumidores nas suas compras de bens de consumo durável especialmente. Quanto menor a taxa de juros, maior interesse haverá nos mutuários em contratar empréstimos e financiamentos para efetivar seus investimentos e compras.

7. Por que as taxas de juros são importantes para o desenvolvimento dos negócios?

Taxas de juros das aplicações financeiras atraem os poupadores para investir seus recursos em oportunidades de investimentos financeiros. Por outro lado, empreendedores que não têm recursos disponíveis suficientes para total cobertura de seus investimentos têm que solicitar empréstimos ou financiamentos nas instituições financeiras para viabilizar seus projetos. Tais empreendedores só se utilizarão desses recursos de empréstimos no caso de a taxa de retorno do investimento se situe em patamar superior ao da taxa de juros de empréstimos.

8. Existe apenas uma taxa de juros vigente na economia de um país?

Não. As taxas de juros são diferenciadas e correspondem aos equilíbrios entre as quantidades de oferta e de demanda por recursos nos diversos segmentos do mercado monetário, financeiro e de capitais. Na faixa do sistema monetário situa--se a taxa básica, piso dos juros na economia, pela qual o governo ou banco central capta recursos para financiar a dívida pública. No segmento dos bancos comerciais localiza-se a taxa de juros para financiamento de capital de giro das empresas, que se situa em nível mais elevado que a taxa básica do banco central. Sempre que os recursos financeiros da economia estiverem compartimentalizados, haverá taxas de juros específicas para cada um desses segmentos de compartimentalização (agricultura, habitação, incentivo à pequena e média indústria etc). Em cada segmento haverá também variações nas taxas de juros cobradas ou oferecidas para as aplicações de acordo com o risco da operação, garantias oferecidas pelos mutuários, tamanho dos recursos das operações e outros fatores. Também vale lembrar que taxas de juros de operações de captação pelas instituições financeiras (taxas passivas) são menores que as taxas de empréstimos (taxas ativas) operadas por essas organizações. Cabe ainda lembrar que taxas de juros relativas a operações de longo prazo são mais elevadas do que as taxas de juros de curto prazo, por motivo de maior risco envolvido durante horizontes mais longos.

9. O que são taxas de juros brutas e taxas de juros líquidas?

A taxa de juros bruta é calculada a partir de valor total dos juros, incluindo impostos incidentes. A taxa de juros líquida leva em conta valores dos juros líquidos, já descontados todos os impostos incidentes sobre a operação financeira.

10. Quais são os dois regimes de cálculo de juros mais utilizados nas operações financeiras?

O regime do juro simples e o regime do juro composto. No primeiro, o juro periódico deve ser calculado como uma percentagem fixa do capital (principal) inicial aplicado ou emprestado. No segundo caso os juros são calculados periodicamente como percentual do montante acumulado pelo principal até o início do período, processando-se uma capitalização (soma dos juros ao principal) para formar um montante que passe a render juros no período seguinte.

11. O que são taxas de juros nominais e taxas de juros reais?

As taxas de juros nominais são instrumentos de cálculo da remuneração de um investimento ou dos juros de um empréstimo medidos em termos da moeda corrente do local em que se realiza a operação. As taxas de juros reais medem tais remunerações ou juros já descontados os efeitos da inflação sobre os valores da operação. Tais efeitos são mensurados pela aplicação de variações de índices de preços ou indexadores previamente escolhidos para determinação da inflação ocorrida.

12. Qual a função da matemática financeira e suas variáveis de trabalho?

A matemática financeira apresenta conceitos e fórmulas para resolução de problemas ligados às operações financeiras, de aplicações (passivas) e de empréstimos (ativos). As variáveis básicas a serem tratadas e calculadas nos fluxos de caixa das operações são: o capital (principal) inicial, a taxa de juros definida, o período da operação, o valor dos juros (remuneração) e o valor dos montantes finais gerados (soma do principal inicial e dos juros correspondentes).

13. Quais os efeitos de uma elevação na taxa de juros?

Seja para o controle monetário da economia visando conter a inflação, seja para a atração de capitais estrangeiros para aplicação no país, uma elevação da taxa de juros tem vários reflexos na economia. A alta das taxas de juros encarece os financiamentos, diminuindo a atração das empresas por essa fonte de recursos para cobertura de investimentos. O resultado pode ser até a paralisação dos investimentos desaquecidos. Caso a taxa de juros suba acima da taxa de rentabilidade dos negócios, fica inviabilizado o aporte de financiamento para os investimentos. A alta dos juros aumenta as despesas financeiras das empresas já endividadas, tornando menores seus lucros e fazendo cair as cotações das ações dessas empresas nas bolsas de valores. Por outro lado a alta dos juros pode atrair capitais externos para serem aplicados na economia do país. Grandes volumes de capital estrangeiro aportando na economia causam valorização na taxa de câmbio da moeda nacional, o que favorece ainda mais a rentabilidade das aplicações de capitais externos no país. A alta dos juros nos financiamentos ao consumidor resulta também em encarecimento desse crédito e afastamento do consumidor das compras, o que pode provocar desaquecimento das atividades econômicas.

A diminuição da taxa de juros provocaria reações inversas a estas relatadas para casos de ascensão das taxas de juros.

14. Existe relação entre taxas de juros e taxas de câmbio?

Sim. Conforme mencionado anteriormente a elevação da taxa de juros das aplicações financeiras em determinado país é motivo de atração de capitais de outro país que tenha uma baixa taxa de remuneração de capital. Pode haver, então, deslocamento de capitais desse último país para investimentos mais compensadores no país de juros mais altos, já se considerando a componente de risco do país de juros mais elevados. Essa mobilização de capital, de acordo com os níveis de movimentação poderá pressionar o câmbio, valorizando a moeda do país receptor, dando mais impulso à atração de capitais externos. O investidor estrangeiro fará a seguinte conta: se a soma da taxa de juros fora de suas fronteiras, mais a expectativa de desvalorização cambial da moeda externa, mais a componente de risco do país receptor do investimento ficar superior à taxa de juros interna vigente no seu país, será mais interessante aplicar capital fora de suas fronteiras.

II- Simbologia e fórmulas sobre juros e remuneração de capital

Simbologia

i = taxa de juros
I = valor dos juros relativos a um período
P = capital aplicado inicialmente
i_b = taxa bruta
i_l = taxa líquida (taxa bruta menos impostos e encargos)
$\propto$ = taxa de encargos e impostos sobre a taxa bruta

Formulário

Fórmulas	Utilização
$i = \dfrac{I}{P}$	Cálculo da taxa de juros (i) a partir do valor dos juros e do capital inicial aplicado (P) Cálculo do valor dos juros (I) dados o capital inicial (P) e a taxa de juros (i) Cálculo do valor do capital inicial (P), dada a taxa de juros (i) e o valor dos juros (I) rendidos no período.
$i_l = i_b - \propto \cdot i_b$ ou $i_l = (1 - \propto) \cdot i_b$	Cálculo da taxa líquida (i_l) a partir da taxa bruta (i_b) e da taxa de encargos sobre a taxa bruta ($\propto$) Cálculo da taxa bruta (i_b), conhecida a taxa líquida (i_l) e a taxa de encargos ($\propto$) Cálculo da taxa de encargos sobre a taxa bruta (i_b) e a taxa líquida (i_l)

III- Aplicações em destaque

1) Qual o valor do juro rendido pelo capital de R$ 150.000 aplicado a 10% ao ano, no final de um ano?

Resolução

10% de R$ 150.000 = R$ 15.000

2) Qual o montante final rendido pelo principal de R$ 150.000 para a taxa de 10% no final do ano?

Resolução

Montante final = principal + juros
150.000 + 10% × 150.000 = 150.000 + 15.000 = R$ 165.000

3) Qual a taxa de juros do período em que um capital inicial de R$ 20.000 se torna um montante final de R$ 25.000?

Resolução

Capital inicial × (1 + i) = montante final
20.000 × (1 + i) = 25.000
(1 + i) = 25.000 ÷ 20.000 = 1,25
i = 1,25 − 1 = 0,25 = 25%

4) O investidor A aplica R$ 200.000 em determinado período ganhando R$30.000 de juros. O investidor B aplica R$ 500.000, pelo mesmo período de A e obtém um montante final de R$ 600.000. Quem aplicou seu capital com maior taxa de juros?

Resolução

Taxa de juros do aplicador A:

$$\frac{Juros\ do\ período}{Capital\ aplicado} = \frac{30.000}{200.000} = 15\%$$

Taxa de juros do aplicador B:

$$\frac{600.000 - 500.000}{500.000} = \frac{100.000}{500.000} = 20\%$$

5) Um investidor brasileiro transforma seu capital de R$ 1 milhão em dólar, da data 0, quando a taxa de câmbio era de R$ 3,10/US$. Aplica seu capital então em um fundo de investimentos americano que lhe rende, no período de um ano, cerca de 12% em dólar. Na data 1 (final de um ano de aplicação) resgata todas as cotas do

fundo e retorna com seu capital para o Brasil, pela taxa de câmbio de R$ 2,75/US$. Pede-se calcular a taxa de juros ou rentabilidade que obteve para seu capital medido em reais.

Resolução

Capital aplicado em real, na data 0: R$ 1.000.000
Capital aplicado em dólar, data 0, no fundo de investimento:

$$\frac{R\$1.000.000}{R\$3.10 \, / \, US\$} = US\$ 322.580,65$$

Montante final das cotas do investidor, após um ano (em dólar), com ganho de 12%:
$1,12 \times US\$ 322.580,65 = US\$ 361.290,32$

Montante final do investidor transformado em reais na data 1, pela cotação de R$ 2,75/US$:
R$ 2,75/US$ $\times$ US$ 361.290,32 = R$ 993.548,39

Perda do investidor: $993.548,39 - 1.000.000,00 = -R\$ 6.451,61$
Nota: A apreciação do real (ou desvalorização do dólar) provocou a perda do investidor, pois a taxa de juros ganha na aplicação em dólar (12%) foi inferior à taxa de valorização do real em relação ao dólar (12,73%).

6) Com imposto de renda de 20% sobre a taxa bruta de juros, qual será a taxa líquida se o investidor aplica seu capital a 1,2% ao mês?

Resolução

$(1 - t_{IR}) \times t_{BRUTA} = (1 - 0,20) \times 1,2\% = 0,8 \times 1,2 = 0,96\%$ ao mês

A RESOLVER

7) Qual seria o valor do juro no caso do exercício 1, se a taxa de aplicação fosse de 18% ao ano?

Resposta

R$ 27.000

8) No exercício 2, qual seria o montante final rendido pelo mesmo principal à taxa de 13% no período?

Resposta

R$ 169.500

9) Qual a taxa de juros do exercício 3, caso o montante final obtido fosse de R$ 35.000 para o mesmo principal inicial de R$ 20.000?

Resposta

75%

10) No exercício 4, qual deveria ser o montante final obtido pelo investidor B para que as taxas de juros referentes para as duas aplicações A e B fossem iguais?

Resposta

R$ 666.667

11) No exercício 5, qual deveria ter sido a taxa de câmbio da data 1, para que o investidor ganhasse em real, após a aplicação no fundo de investimento americano, uma taxa de rendimento de 8%?

Resposta

R$ 2,989/US$

12) Sendo a taxa de 8% do exercício 11 sujeita a imposto de renda de 15%, qual seria a taxa de rendimento líquido obtida pelo investidor?

Resposta

6,80%

3

Sobre mercado financeiro e suas operações ativas e passivas

Objetivos

Neste capítulo abordam-se questões básicas sobre:

- ❑ funções do mercado financeiro;
- ❑ operações ativas e passivas das instituições do mercado financeiro;
- ❑ juros de captação e de aplicação;
- ❑ conceito de *spread* bancário e sua destinação.

I- Questões-chave sobre mercado financeiro e suas operações ativas e passivas

1. Qual a função do mercado financeiro?

O mercado financeiro reúne o conjunto de instituições que objetivam captar recursos em excesso de pessoas físicas e jurídicas, redirecionando-os para emprestá--los a outras pessoas físicas e jurídicas em déficits de recursos. O mercado financeiro trabalha com operações financeiras de aplicações e empréstimos a curto prazo. Para operações de médio e longo prazos as instituições e as operações são realizadas pelo mercado de capitais.

2. O que são operações passivas e ativas do mercado financeiro?

As operações passivas ou de captação do mercado financeiro são aquelas pelas quais se efetiva a canalização das aplicações de capital das pessoas físicas e jurídicas com superávits de recursos. As operações ativas ou de empréstimo são aquelas em que tais instituições aplicam os recursos captados emprestando-os às pessoas físicas e jurídicas que necessitam dos recursos para seus negócios, em decorrência da existência de déficits de capital para investir em imobilizações e/ou capital de giro. Pelas operações passivas as captações de recursos têm que ser reembolsadas aos poupadores, com adição de juros. Pelas operações ativas, as instituições financeiras recebem dos mutuários (financiados) prestações de amortização de volta do capital mais os juros dos empréstimos efetuados.

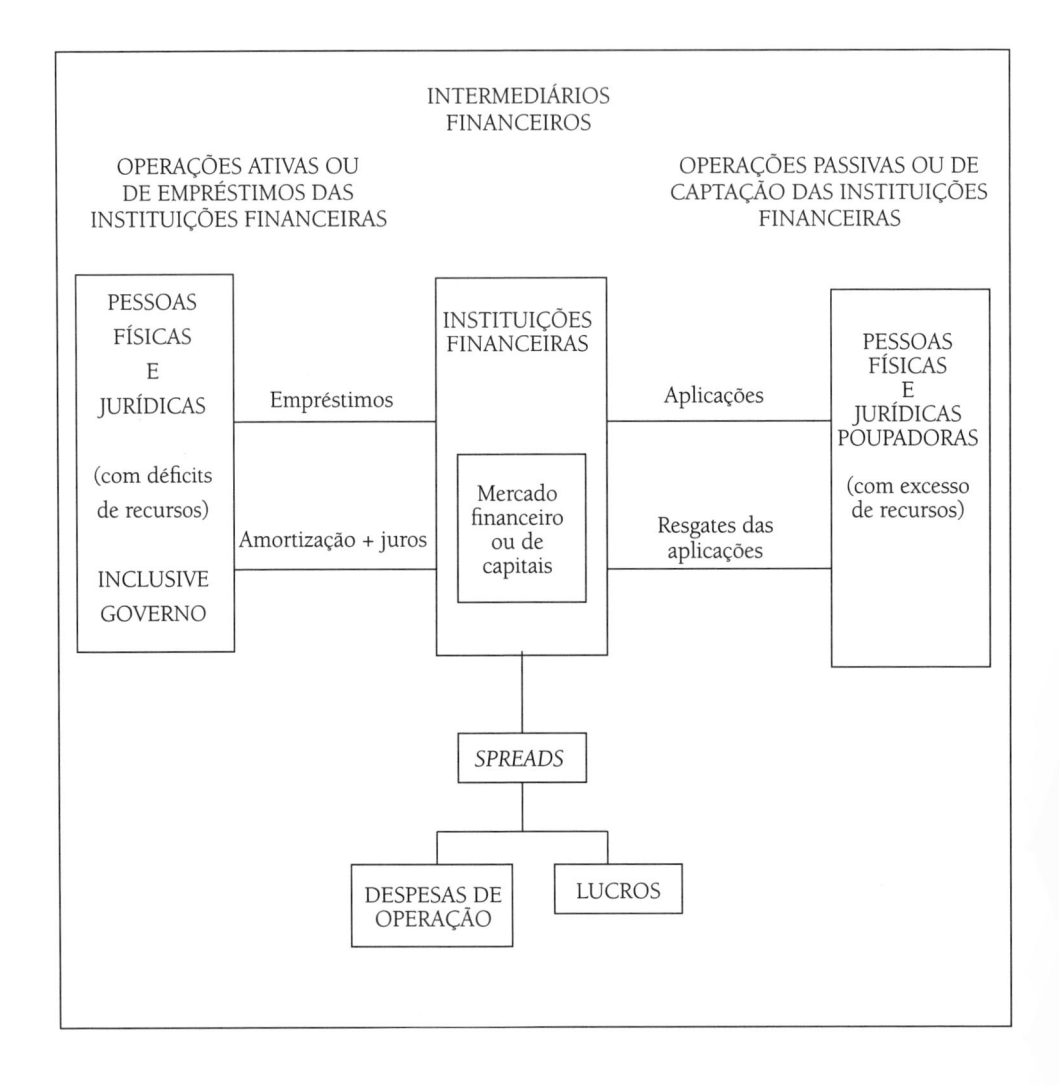

3. Quais os tipos básicos de juros, conforme a operação financeira realizada?

Os juros podem ser de dois tipos: passivos ou de aplicação ou captação; ativos ou de empréstimos.

4. O que são juros passivos ou de aplicação ou captação?

A classificação de juros passivos é norteada pelo fluxo de recursos de uma instituição financeira. Se a instituição capta recursos através de seus instrumentos financeiros (cadernetas de poupança, certificado de depósitos e outros) deverá pagar juros pelo prazo da captação. Esses juros pagos pela instituição financeira representam a remuneração do investidor pela aplicação de seu capital naquele prazo. O juro passivo da instituição é o juro da aplicação do investidor. O termo passivo se refere ao fato de ser captação de recursos da instituição financeira registrada no Passivo do Balanço Patrimonial da instituição.

5. O que são juros ativos ou de empréstimos?

Os juros ativos ou de aplicação são aqueles cobrados nos empréstimos e financiamentos pelas instituições financeiras.

6. O que é o *spread* ou diferencial das operações das instituições financeiras?

O *spread* das operações de uma instituição financeira é a diferença entre os valores dos juros ativos ou de empréstimos e o dos juros passivos ou de captação relativo à remuneração dos investidores. O *spread* serve para cobrir as despesas operacionais de funcionamento da instituição financeira e os seus lucros.

7. Qual dos juros é mais elevado: a taxa de juros de captação ou a taxa de juros da aplicação?

Para uma mesma instituição financeira as taxas de empréstimos (das operações ativas) são superiores às taxas de captação (das operações passivas). A diferença entre elas ou *spreads* deve conter a base relativa à cobertura das despesas da organização, aí incluindo o imposto de renda e contribuições sociais sobre os resultados.

II- Simbologia e fórmulas sobre mercado financeiro e suas operações ativas e passivas

Simbologia

i_c = taxa de captação (passiva)
i_e = taxa de aplicação ou empréstimo (ativa)
s = taxa do *spread* bancário
E = volume de empréstimos
C = volume de captação
S = valor do *spread*
D = despesas administrativas e operacionais
L = lucro da instituição financeira

Fórmulas

Fórmulas	Utilização
$s = i_e - i_c$	Cálculo da taxa do *spread* (s) a partir da taxa de empréstimo (ativa) i_e e da taxa de captação (passiva) i_c.
$S = i_e \cdot E - i_c \cdot C$	Cálculo do valor do *spread* (S) a partir da taxa de empréstimo (i_e) sobre o volume de empréstimo e da taxa de captação (i_c) sobre o volume de captações (C).
$S = D + L$	Destinação do valor do *spread* (S) para cobertura das despesas operacionais (D) e do lucro da instituição financeira (L).

III- Aplicações em destaque

1) Um banco tem capital próprio de R$ 100.000.000 e capta um volume total de depósitos de R$ 900.000.000. Sobre os depósitos é retida no banco central reserva de R$ 200.000.000, sem remuneração. Dessa forma o banco pode emprestar o volume de R$ 700.000.000. O capital próprio é totalmente aplicado em ativos imobilizados de operação. Caso a taxa média de captação dos depósitos seja de 18% ao ano e a taxa média de empréstimos de 40% ao ano, com gasto fixo de R$ 102.000.000 anual, qual o resultado (antes do imposto de renda) que o banco apresentará? Qual a taxa de lucro (antes do imposto de renda) sobre o capital próprio?

Resolução

Receita anual dos juros de empréstimos: 40% de R$ 700.000.000: R$ 280.000.000
Custo anual dos depósitos captados: 18% de R$ 900.000.000 = R$ 162.000.000

Margem ou valor do *spread* bancário: R$ 118.000.000 anual (1 – 2)
Gasto fixo anual (pessoal, sistemas): R$ 102.000.000
Lucro antes do imposto de renda (3 – 4): R$ 16.000.000
Relação lucro (LAIR)/capital próprio: 16% a.a.

2) No caso do exercício 1, qual seria o lucro (LAIR) do banco, caso houvesse cobrança de taxas de serviços em um montante anual equivalente a 20% do gasto fixo anual?

Resolução

O lucro do banco de R$ 16.000.000 apurado no exercício 1 seria adicionado da cobrança de serviços no valor de 20% × R$ 102.000.000 = R$ 20.400.000. O lucro seria então R$ 16.000.000 + R$ 20.400.000 = R$ 36.400.000/ano.

A RESOLVER

3) Refazer o exercício 1 modificando as taxas de captação média para 16% a.a. e a taxa média de empréstimo para 42% ao ano. Qual seria o novo lucro (LAIR)?

Resposta

R$ 48.000.000

4) Refazer o exercício 3 admitindo que a cobrança de serviços bancários atingisse uma receita anual de 10% das receitas de juros dos empréstimos. Qual seria o novo lucro (LAIR)?

Resposta

R$ 44.000.000

5) Refazer o exercício 1 admitindo que houvesse, simultaneamente:

a) cobrança de serviços da ordem de 15% dos gastos fixos anuais,
b) inadimplência em 3% do empréstimo (perdas de juros e do principal).
Qual o novo lucro (LAIR)?

Resposta

R$ 9.460.000

4

Sobre taxas de variação e índices evolutivos

Objetivos

Este capítulo cobre os principais pontos sobre:

- definições de taxas de variação de uma medida ou variável;
- caracterização da modificação de comportamento e de valor de uma relação (quociente) entre duas variáveis;
- definição de índice de evolução de uma variável;
- caracterização das variações da soma, subtração, produto e divisão em função das modificações verificadas nas variáveis;

I- Questões-chave sobre taxas de variação e índices evolutivos

1. O que é uma taxa de variação de uma grandeza?

Quando o valor de uma grandeza ou uma variável sofre uma alteração, para mais ou para menos, entre duas ocasiões, denomina-se taxa de variação a relação entre o valor absoluto de variação ocorrida com essa variável e o valor da mesma na situação inicial. Se a produção de um grão no mês de janeiro foi de 5.000 toneladas e no mês de fevereiro essa produção atingiu 5.500 toneladas, o acréscimo de produção tendo sido de 500 toneladas, de janeiro para fevereiro, a taxa de variação dessa produção em fevereiro foi de $\dfrac{500 \text{ toneladas}}{5.000 \text{ toneladas}}$ = 0,10 = 10%. A taxa de crescimento no caso mede a variação relativa ocorrida naquela produção.

2. O que acontece quando a taxa de variação for de 0% (zero por cento)?

Nesse caso não há variação da grandeza medida, encontrando-se estabilizada ou estagnada no período de medição.

3. A variação de uma medida pode ser realizada por taxas calculadas a partir do valor final dessa grandeza?

Sim. É claro que a taxa de variação referencial sobre o valor inicial da variável em medição não é idêntica à taxa de variação referida ao valor final dessa variável. Se a quantidade vendida no mês de outubro foi de 2.000 m³ e no mês de novembro 2.400 m³, o crescimento absoluto de 2.400 m³ – 2.000 m³ = 400 m³, pode definir a taxa de crescimento de 20% referenciada à venda de outubro de

2.000 m³ $\left(20\% = \dfrac{400 \text{ m}^3}{2.000 \text{ m}^3} \right)$ como também representar a taxa de variação de 16,7%

correspondente à venda de 2.400 m³ de novembro $\left(16,7\% = \dfrac{400 \text{ m}^3}{2.400 \text{ m}^3} \right)$. É mais

usada a taxa de variação referenciada ao período anterior ou inicial.

4. Quando uma variável decresce, o que acontece com sua taxa de variação?

No caso de decrescimento de uma variável caracterizado por uma variação negativa em relação ao seu valor inicial, a taxa de variação é negativa. Se uma variável monetária passar de $ 100 para $ 90, sendo a queda de $ 10, a taxa de variação ocorrida é de $\dfrac{- \$10}{\$100}$ = – 0,10 = – 10%.

5. Deve-se dar preferência ao uso de taxa de variação ou de um índice de evolução para interpretar a evolução de uma variável?

Trata-se de uma questão de opção equivalente, o que vai depender do gosto ou praxe utilizada. A evolução de um patrimônio financeiro de $ 1.500 (ano 1) para $ 1.800 (ano 2) e $ 2.000 (ano 3) pode ser caracterizada tanto por taxas de crescimento anual quanto por índices de evolução no período. Quem preferir o uso de taxa de crescimento anual vai calcular a taxa de crescimento de 20%

$\left(\dfrac{\$300}{\$1.500}\right)$ do ano 1 para o ano 2 e de 11,1% $\left(\dfrac{\$200}{\$1.800}\right)$ do ano 2 para o ano 3.

Quem utilizar índice de evolução, escolherá para base 100 o valor do ano 1, mediante aplicação de regra de três para cálculo dos índices referentes aos valores dos anos 2 e 3,

encontrará os índices 120,0 $\left(\dfrac{1.800}{1.500} \times 100\right)$ para o ano 2 e 133,3 $\left(\dfrac{2.000}{1.500} \times 100\right)$ correspondente ao ano 3. O índice de 120 do ano 2 significa que a variável aumentou 20% em relação ao ano 1 e o índice 133,3 do ano 3, que a variável evoluiu 33,3% em relação ao ano 1.

6. A taxa de juros é uma taxa de variação?

Sim. A taxa de juros mede a variação de um capital, pela incorporação dos juros remuneradores da operação financeira, relativamente ao capital aplicado. Nesse contexto ela não deixa de se constituir numa taxa de variação de uma aplicação financeira.

7. Qual a fórmula que permite o cálculo da taxa de variação de uma variável, em um período, conhecidos os seus valores no período (P_1) e no período anterior (P_0)?

A fórmula da taxa de variação, em termos centesimais, é:

$$t = \frac{P_1 - P_0}{P_0} = \frac{P_1}{P_0} - 1$$

Em termos percentuais, essa taxa seria:

$$t^* = 100 \times t = \left(\frac{P_1}{P_0} - 1\right) \times 100$$

8. Qual a taxa de variação da soma de duas variáveis em função da taxa de variação de cada uma das variáveis?   em %

A taxa de variação da soma de duas variáveis é igual à soma das taxas de variação de cada uma das variáveis dividida pela soma inicial das variáveis:

$$\frac{\Delta S}{S} = \frac{\Delta a + \Delta b}{a + b} \quad (\Box a \text{ e } \Box b \text{ as variações das variáveis } a \text{ e } b)$$

9. Qual a taxa de variação da subtração entre duas variáveis?

É a diferença entre as taxas de variação do numerador do quociente e do denominador dividida pela taxa de variação do denominador adicionada da unidade.

$$Q = \frac{a}{b}$$

$$\frac{\Delta Q}{Q} = \frac{\dfrac{\Delta a}{a} - \dfrac{\Delta b}{b}}{1 + \dfrac{\Delta b}{b}}$$

II- Simbologia e fórmulas sobre taxas de variação e índices evolutivos

Simbologia

t = taxa de variação em determinado período (centesimal)
P_0 = valor da variável no início do período 1
P_1 = valor da variável no final do período 1
P_n = valor da variável no final do período n
$\Box P$ = variação da variável $P = P_1 - P_0$
$t \times 100 = T\%$ = taxa de variação em determinado período (percentual)

Índice de evolução da variável P: I
$I_0 = 100$ = base índice = índice inicial, início do ano 1, referência básica
I_1 = Índice correspondente à variável no período 1
I_2 = Índice correspondente à variável no período 2
I_n = Índice correspondente à variável no período n

Fórmulas

Taxas de variação

$$P_1 = P_0 (1 + t)$$

$$t = \frac{\Delta P}{P_0} = \frac{P_1 - P_0}{P_0} = \frac{P_1}{P_0} - 1$$

$$T = 100 \times t = \frac{P_1 - P_0}{P_0} \times 100$$

Variação genérica: $t = P_n / P_0 - 1$

Índices

$$I_1 = \frac{P_1}{P_0} \times I_0 = \frac{P_1}{P_0} \times 100$$

$$I_2 = \frac{P_2}{P_0} \times I_0 = \frac{P_2}{P_0} \times 100$$

$$I_n = \frac{P_n}{P_0} \times I_0 = \frac{P_n}{P_0} \times 100$$

Relações

Variação relativa da soma de duas variáveis: $S = a + b$

$$\frac{\Delta S}{S} = \frac{\Delta a + \Delta b}{a + b}$$

Variação relativa da diferença entre duas variáveis: $P = a - b$

$$\frac{\Delta D}{D} = \frac{\Delta a - \Delta b}{a - b}$$

Variação relativa do produto de duas variáveis: $P = a \cdot b$

$$\frac{\Delta P}{P} = \frac{\Delta a}{a} = \frac{\Delta b}{b} + \left(\frac{\Delta a}{a}\right) \times \left(\frac{\Delta b}{b}\right)$$

Variação relativa do quociente entre duas variáveis: $Q = \frac{a}{b}$

$$\frac{\Delta Q}{Q} = \frac{\dfrac{\Delta a}{a} - \dfrac{\Delta b}{b}}{1 + \dfrac{\Delta b}{b}}$$

III- Aplicações em destaque

1) Uma variável cresceu do nível de 450 para 600. Qual foi a taxa de crescimento?

Resolução

Sendo $P_0 = 450$ e $P_1 = 600$, a variação $P_1 - P_0 = \square P = 600 - 450 = 150$

Aplicando direto a fórmula:
$P_1 = P_0 (1 + t)$
$600 = 450 (1 + t)$
$600/450 = (1 + t)$
$1,333 = 1 + t$
$t = 0,333 = 33,33\%$

2) Uma variável de valor inicial P cresceu 60% no período, atingindo o valor final igual a 1.250. Qual o valor inicial dessa variável?

Resolução

$P_1 = P_0 (1 + t)$
$P_0 (1 + 0,60) = P_1 = 1.250$

$$P_0 = \frac{1.250}{1,60} = 781,25$$

3) Uma variável triplica de valor durante um ano. Qual foi a taxa de variação ocorrida?

Resolução

$P_0 (1 + t) = P_1 = 3 \times P_0$
$(1 + t) = 3$
Taxa de variação: $t = 3 - 1 = 2 = 200\%$

4) Uma variável media 256 no início do ano. Ao longo do ano, ela obteve um crescimento de taxa igual a 39%. Qual o valor da variável no final do ano?

Resolução

$P_0 (1 + t) = P_1$
$256 \times (1 + 0,39) = P_1$
$P_1 = 256 \times 1,39 = 355,84$

5) Qual a variação da soma S de duas variáveis a e b sabendo que:
$a = 400$ e $b = 300$
Taxa de crescimento de a: 10%
Taxa de crescimento de b: – 5%

Resolução

$S = a + b = 400 + 300 = 700$
$a' = a + \square a = 400 + 10\% \times 400 = 400 + 40 = 440$
$b' = b + \square b = 300 - 5\% \times 300 = 300 - 15 = 285$
$S' = a' + b' = 440 + 285 = 725$

Variação absoluta da soma: $\dfrac{S'-S}{S} = \dfrac{25}{700} = 0,0357 = 3,57\%$

6) A receita anual de uma empresa evoluiu conforme o seguinte quadro:

Ano	Receita anual
1	753
2	897
3	1.011

Quais foram as taxas de crescimento anuais da receita?

Resolução

Taxa de crescimento do ano 2 sobre o ano 1:

$$\left(\frac{897}{753}-1\right) = 0,1912 = 19,12\%$$

Taxa de crescimento do ano 3 sobre o ano 2:

$$\left(\frac{1.011}{897}-1\right) = 0,1271 = 12,71\%$$

Taxa de crescimento do ano 3 sobre o ano 1:

$$\left(\frac{1.011}{753}-1\right) = 0,3426 = 34,26\%$$

7) Um investidor aplicou seu capital de R$ 100.000 em determinada ação (data 0). Desde a data de aplicação a variação do preço da ação atingiu +50% (data 1). A partir desta data, houve uma queda de 22% no preço (data 2). Pede-se:
a) o valor da aplicação da ação na data 1
b) o valor da aplicação da ação na data 2
c) a taxa de crescimento que terá de ocorrer a partir da data 2 de modo que o investidor na data 3 tenha um capital de R$ 250.000

Resolução

a) $P_1 = P_0\,(1 + t) = 100.000 \times 1,50 = $ R$ 150.000
b) $P_2 = P_1\,(1 + t') = 150.000 \times (1 - 0,22) = 150.000 \times 0,78 = $ R$ 117.000
c) $P_3 = P_2\,(1 + t'') =$
   $250.000 = 117.000\,(1 + t'')$
   $250.000/117.000 = (1 + t'')$
   $1 + t'' = 2,1368$
   $t'' = 1,1368 = 113,68\%$

8) Com respeito ao exercício 6, calcular os índices de evolução anual da série das três receitas, estabelecendo a base referencial 100 no ano 1.

Resolução

Ano	Índice de evolução da receita	Cálculo
1	100	equivalente a 753
2	119,2	$\dfrac{897}{753} \times 100$
3	134,26	$\dfrac{1.011}{753} \times 100$

9) Qual a taxa de variação do quociente entre as variáveis a e b sabendo que a variável a cresceu 30% e a variável b cresceu 11%?

Resolução

Situação inicial: $Q_0 = \dfrac{a}{b}$

Situação final: $Q_1 = \dfrac{1,30a}{1,11b}$

Dessa forma: $Q_1 = \dfrac{1,30a}{1,11b} = \dfrac{1,30a}{1,11b} \times Q_0$

$Q_1 = 1,1712 \cdot Q_0$

$Q_1 = (1 + t) \cdot Q_0$

$\dfrac{Q_0}{Q_1} = 1 + t = 1,1712$

$t = 0,1712$

$t = 17,12\%$

10) O produto de duas variáveis cresceu 42% em determinado período. Uma das variáveis teve crescimento de 22% nesse período. Calcule a taxa de variação da segunda variável.

Resolução

$P_0 = a \times b$

$P_1 = (a + \Delta a) \times (b + \Delta b)$

$\dfrac{P_1}{P_0} = \dfrac{(a + \Delta \times (b + \Delta)}{a \times b}$

Sendo t a taxa de crescimento do produto ($t = 0,42$) e t_a a taxa de crescimento de a e t_b a taxa de crescimento de b:

$$1 + t = \frac{a.(1+t_a) \times b.(1+t_b)}{a.b}$$

$1 + t = (1 + t_a) . (1 + t_b)$

$1,42 = 1,22 . (1 + t_b)$

$1 + t_b =$

$t_b = 0,1639 = 16,39\%$ (taxa de crescimento de b)

A RESOLVER

11) Qual a taxa que faz duplicar um valor em um ano?

Resposta

100% ao ano

12) Uma variável se eleva do nível de 633 para 898 em determinado período. Qual foi sua taxa de crescimento?

Resposta

41,86%

13) O numerador da fração cresce 8% e o denominador evoluiu 12%. Qual a taxa de variação da fração?

Resposta

− 3,57%

14) Transformar a série de faturamento de uma empresa em números índices de evolução, tomando a base 100 no ano inicial da série.

Ano	Faturamento (R$ milhões)
1	47,4
2	39,6
3	51,7
4	83,2
5	101,4

Resposta

Ano 1: 100; ano 2: 83,5; ano 3: 109,1; ano 4: 175,5; ano 5: 213,9

15) A partir do exercício 14, calcular as taxas anuais de variação do faturamento da empresa do ano 2 ao ano 5.

Resposta

Ano 2: – 16,5%; ano 3: + 30,6%; ano 4: + 60,9%; ano 5: + 21,9%

16) Sabe-se que o faturamento da empresa X cresceu 15% ao ano cumulativamente no ano 2, no ano 3, no ano 4 e no ano 5 houve um decrescimento de 8% sobre o valor do ano 4. O faturamento do ano 1 foi de R$ 20.500.000. Calcular os valores dos faturamentos do ano 2 ao ano 5.

Resposta

Ano 2: R$ 23.575.000; ano 3: R$ 27.111.250; ano 4: R$ 31.177.938; ano 5: R$ 28.683.703

17) Com relação ao exercício anterior, tendo o faturamento crescido 15% ao ano, cumulativamente nos anos 2, 3 e 4, pergunta-se: qual foi a taxa de crescimento desse faturamento no ano 5, relativamente ao ano 4, de modo que do ano 1 ao ano 5 o faturamento da empresa tinha incrementado 80%?

Resposta

+ 28,64%

18) No caso do exercício 10, se o produto de duas variáveis crescer 30% e uma das variáveis-fator crescer 15%, qual a taxa de crescimento do outro fator?

Resposta

+ 13,04%

19) O quociente entre duas variáveis cresce 20% num período e a variável-numerador evolui +12%. Pede-se a taxa de variação da variável-denominador, nesse período?

Resposta

– 6,67%

20) Completar as células a, b, c, d, e, f, no quadro a seguir, que espelha índices de evolução e taxas de variação do lucro anual de uma empresa.

Ano	Lucro anual ($)	Índice de evolução	Taxa de crescimento anual
1	a	100 (base)	-
2	b	123,0	c
3	157.200	d	+ 5,5%
4	e	135,8	f

Resposta

a = 121.142; b = 149.005; c = 23,0%; d = 129,8; e = 164.511; f = 4,65%

5

Sobre montagem de fluxos de caixa

Objetivos

Este capítulo procura abordar de forma compacta e qualitativa:

- a definição de fluxo de caixa;
- a importância do fluxo de caixa de um investimento;
- os diferentes tipos de fluxos de caixa, convencionais e não convencionais;
- os fluxos de caixa de um mutuário e de uma aplicação de capital;
- as variáveis envolvidas nos fluxos de caixa.

I- Questões-chave sobre montagem de fluxos de caixa

1. O que é o fluxo de caixa de uma operação financeira ou projeto de investimento?

É o conjunto de saídas de caixa e das entradas de caixa, nas respectivas datas de ocorrência, referente às aplicações ou investimentos e rendimentos referentes às operações financeiras ou projetos de investimento.

2. Qual a importância do fluxo de caixa para cálculo financeiro?

Qualquer operação financeira ou projeto de investimento, para ser precisamente caracterizado e ter seus parâmetros adequadamente calculados, deve ter seu fluxo de caixa conhecido. Como o dinheiro tem seu valor variável ao longo do tempo, pautado pelas oportunidades de agregar juros, somente o conhecimento exato do fluxo de caixa de uma operação ou de um projeto de investimento permitirá os precisos cálculos das variáveis e taxas de juros associadas à operação ou projeto.

3. Quais as premissas básicas para os sinais dos sentidos dos movimentos financeiros de um fluxo de caixa?

Nos fluxos de caixa, em geral, as entradas de recursos têm sinal positivo, com os vetores representativos dos valores apontados para cima, e as saídas de recursos se apresentam com sinal negativo, e vetores apontados para baixo.

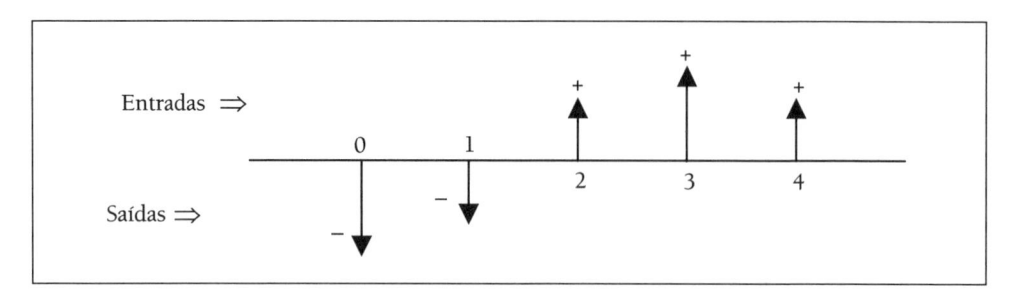

4. O que é um fluxo de caixa convencional?

É um fluxo de caixa que tem apenas uma inversão de sinal ao longo de todo o fluxo de caixa. Nesses *cash flows* aparecem primeiro as saídas (aplicações e investimentos) e depois as entradas (fluxos A e B). Ou, ao contrário, primeiro as entradas (empréstimos recebidos) e depois as saídas de reembolsos (fluxos C e D).

Fluxos convencionais de investimentos

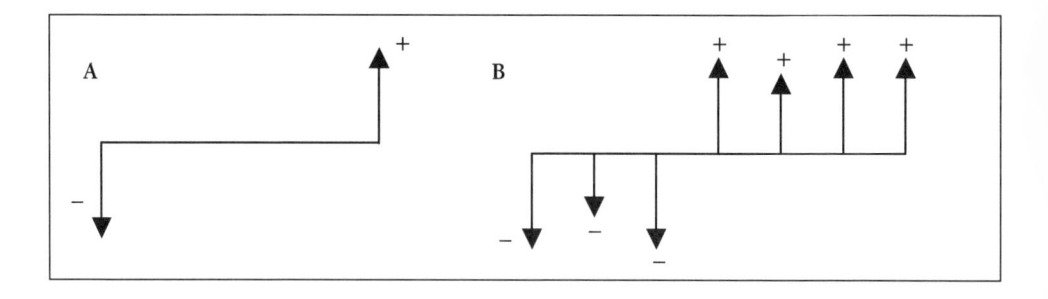

Fluxos convencionais de empréstimos

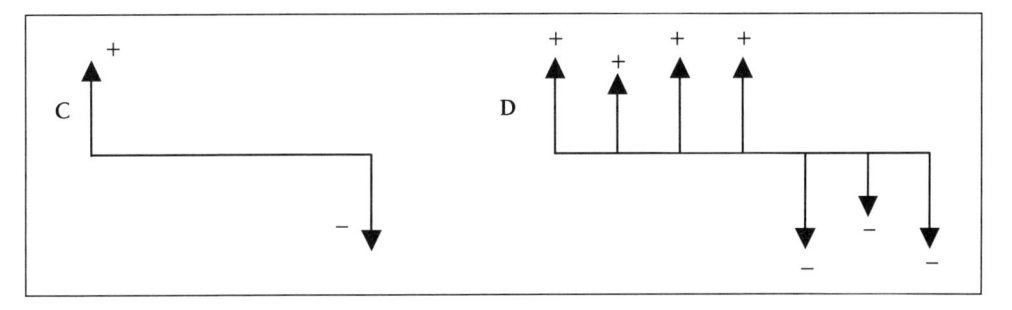

5. O que é um fluxo de caixa não convencional?

É um fluxo de caixa que tem mais de uma inversão de sinal ao longo de todo o fluxo de caixa. Os fluxos E e F não convencionais. Investimentos nas áreas de exploração de petróleo, recursos minerais e vegetais são exemplos onde se observam tais fluxos de caixa.

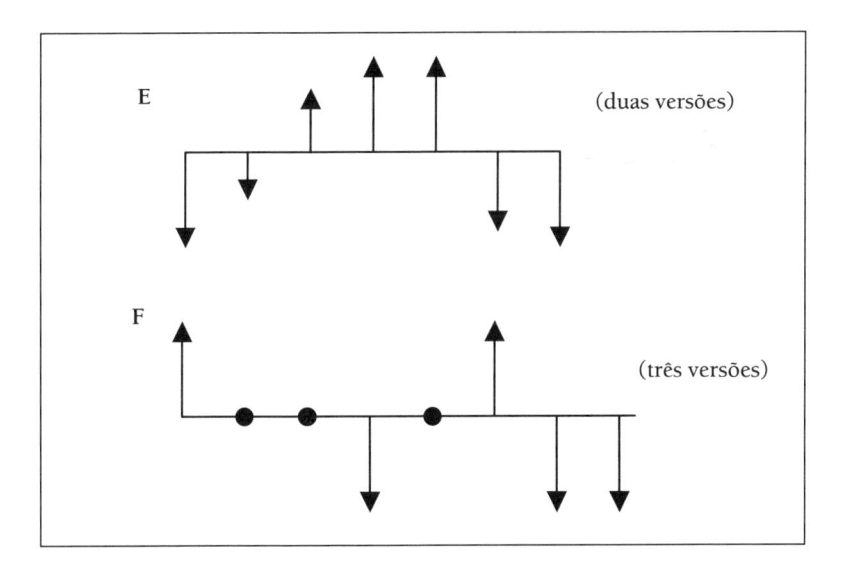

6. Como se desenha um fluxo de caixa simples referente a uma aplicação financeira?

Sendo *PV* o valor do principal inicialmente aplicado na data 0 e sendo *FV* o valor de resgate único final na data *n* o fluxo é:

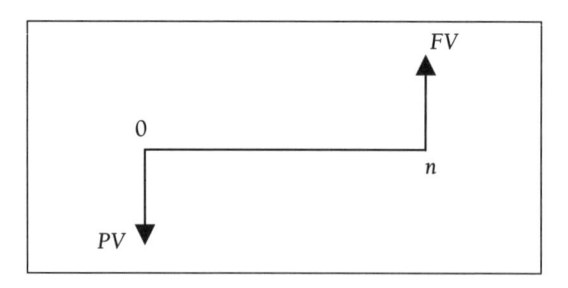

7. Como se desenha um fluxo de caixa de um investimento onde são realizadas várias aplicações em datas diferentes e resgates futuros diferentes em várias datas futuras?

Sendo PV_0, PV_1 e PV_2 as aplicações nos investimentos, e FV_3, FV_4, FV_5 e FV_6, por exemplo, as diversas parcelas de resgate das aplicações, o fluxo de caixa é:

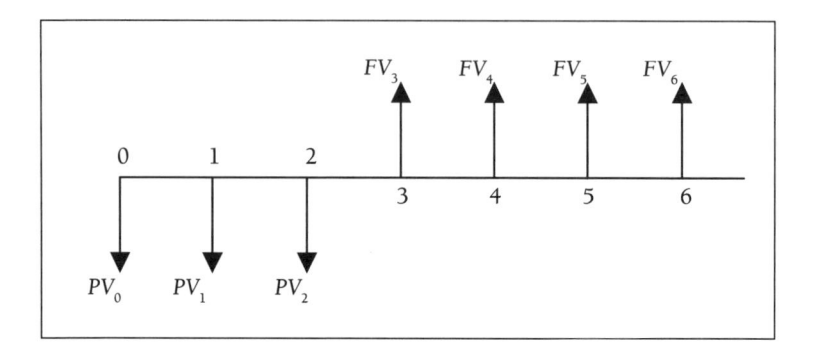

8. Pelo enfoque de um mutuário (tomador de dinheiro emprestado), como se desenha o fluxo de caixa relativo ao empréstimo recebido para ser reembolsado ao mutuamente (emprestador) de uma só vez?

Sendo E_0 o empréstimo recebido na data 0 inicial e Rn^0 o valor do resgate único futuro na data n, o fluxo de caixa do mutuário é:

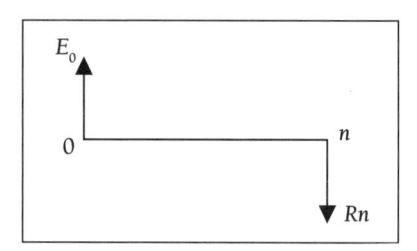

9. Pelo ângulo de um mutuário, como se desenha o fluxo de caixa relativo a um empréstimo E_0 único na data 0, a ser reembolsado pelas prestações R_4, R_5 e R_6 nas datas 4, 5 e 6 futuras?

O fluxo de caixa desse mutuário é:

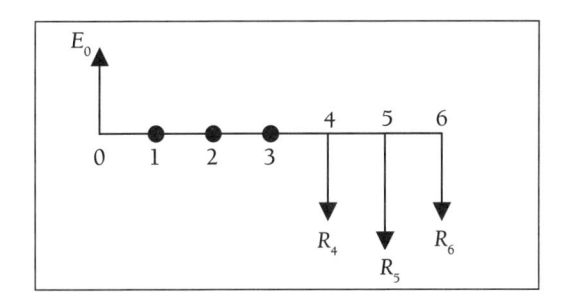

10. Para o ângulo de uma instituição financeira que empresta uma quantia E_0, na data 0, e é reembolsada pelas prestações R_3, R_4 e R_5 do mutuário, como é desenhado o fluxo de caixa?

O fluxo de caixa da instituição financeira é:

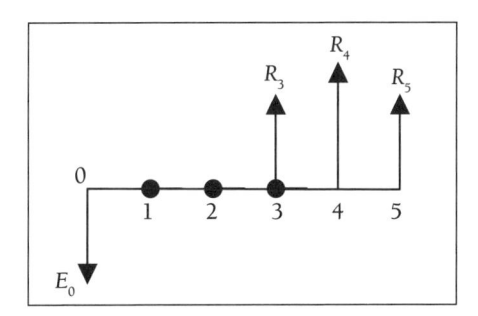

11. O que diferencia um fluxo de caixa convencional de um fluxo de caixa não convencional em termos de taxas de juros embutidas ou taxas de retorno dos investimentos?

O fluxo de caixa tradicional tem apenas uma taxa de juros ou de rentabilidade embutida, enquanto o fluxo de caixa não tradicional poderá ter várias taxas de juros ou rentabilidade, sendo o número máximo dessas várias taxas igual ao número de inversões de sinais observadas no fluxo de caixa.

12. Quais as variáveis que normalmente fazem parte da caracterização de um fluxo de caixa de uma aplicação financeira?

Fazem parte os valores das aplicações efetivadas, inclusive o que se gasta com imposto, comissões e taxas adicionais. Além disso compõem esse fluxo os valores dos resgates brutos e líquidos (descontados os impostos, taxas e comissões incidentes sobre os resgates brutos).

13. Quais as variáveis que normalmente integram um fluxo de caixa de um projeto de investimento?

O fluxo de caixa de um investimento contém como saídas de caixa os valores dos investimentos do projeto e como entradas líquidas de caixa os resultados das receitas subtraídas dos custos, despesas, imposto de renda e outros desembolsos específicos adicionados de valores residuais de ativos investidos, obtidos com venda ao final da vida útil do projeto.

14. O que é um fluxo de caixa perene?

É um fluxo de caixa em que as receitas periódicas, ou desembolsos periódicos, se verificam sucessivamente, sem prazo limitado.

15. O que é um fluxo de caixa restrito a prazo limitado?

É um fluxo de caixa com um único determinado de entradas e/ou saídas de caixa. Em geral, na prática são encontrados esses tipos de *cash flow*, a curto, a médio ou a longo prazo.

16. O que é o fluxo de caixa da série gradiente?

É o fluxo de caixa em que as entradas (ou saídas) de caixa evoluem em progressão aritmética. Em outros termos, as entradas (ou saídas) crescem ou decrescem segundo diferenças constantes.

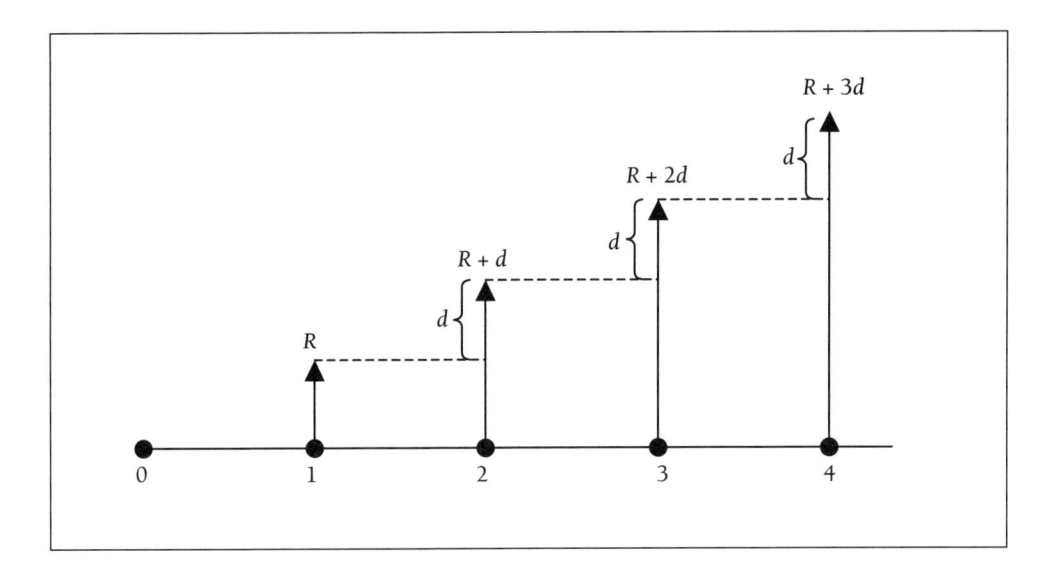

17. O que é um fluxo de caixa de termos exponenciais?

É o fluxo de caixa em que as entradas ou saídas de caixa evoluem segundo uma progressão geométrica. Em outras palavras, elas crescem ou decrescem segundo uma taxa geométrica constante.

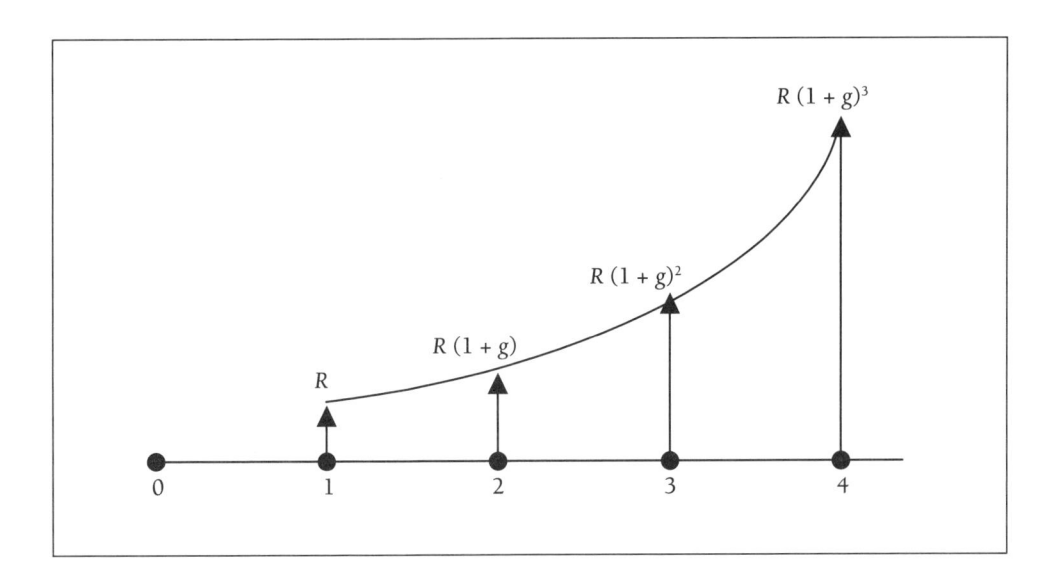

6

Sobre juros simples

Objetivos

Esta parte do livro focaliza os principais conceitos e aplicações relacionadas com o regime de cálculo de juros simples:

- conceituação dos juros simples;
- principais fórmulas para sua aplicação no cálculo do principal, taxa de juros, montante e juros das operações;
- características das taxas equivalentes simples;
- cálculo de valor atual de série de pagamento usando taxa de juros simples;
- uso de taxas diárias comercial e exata.

I- Questões-chave sobre juros simples

1. O que caracteriza o regime de juros simples nas operações financeiras?

No regime de juros simples a remuneração de um capital aplicado ou de um empréstimo bancário é calculada periodicamente como um percentual constante entre a remuneração (juro) e o principal inicial aplicado ou emprestado.

2. O que é a taxa de juros do regime de juros simples?

A taxa de juros é a relação constante entre os juros de um período básico de referência e o principal inicial. Essa relação ou taxa pode permanecer ou não constante ao longo do período global, dependendo dos termos acertados na aplicação ou empréstimo. O importante é observar que o juro de cada período futuro da aplicação será sempre calculado pela taxa multiplicada pela principal inicial.

3. Ilustrar o exemplo de juros simples calculados pela taxa mensal de 2% sobre um principal de R$ 1.000.000?

Nessa operação financeira, mensalmente o juro a ser calculado é de 2% sobre R$ 1.000.000, ou seja, R$ 20.000 no mês 1, no mês 2 etc., até o último mês do período total de aplicação.

4. Como varia o juro da aplicação em função do principal inicial?

Para um mesmo nível de taxa de juros simples e idêntico período de aplicação, o valor do juro varia proporcionalmente ao valor do principal inicial aplicado. Por exemplo, se o valor de uma aplicação financeira for três vezes maior, o juro dessa nova aplicação também será três vezes maior que no primeiro caso, permanecendo fixos o prazo e a taxa de juro.

5. Qual a fórmula do valor do juro simples de uma aplicação?

$$J = n . i . P$$

onde, P é o principal, i a taxa de juros simples referida a um período básico e n o número de períodos básicos constantes no período total da aplicação financeira.

Exemplificando para um principal P = R$ 50.000, taxa de juros i = 1% ao mês = 0,01/ mês e n = 10 meses, o valor do juro total rendido na operação nesse prazo de 10 meses é $J = n\,i\,P$ = 10 × 0,01 × 50.000 = R$ 5.000. Em outras palavras, o juro do período básico (mês) de 1% ao mês faz com que o juro mensal seja de 1% de 50.000 = R$ 500, que repetindo-se em 10 meses resulta no total de juros de 10 × R$ 500,00 = R$ 5.000.

6. O que é o montante rendido por um principal?

O montante é o capital inicial acumulado aos juros rendidos até o final do período: montante (S) = principal (P) + Juros (J).

7. Qual a fórmula do montante, no regime de juros simples?

$$S = P + J = P + n \cdot i \cdot P + (1 + n \cdot i)$$

onde, P é o principal inicialmente aplicado, n é o número de períodos básicos (dia, mês ou ano) dentro do prazo da aplicação e i a taxa de juros, em forma centesimal.

Exemplificando, ao se aplicar o capital P = R$ 1.000 por três meses (n = 3) à taxa de juros, em regime simples, i = 2% ao mês = 0,02 ao mês, o montante final da aplicação é $S = P (1 + n \cdot i) = 1.000 \times (1 + 3 \cdot 0,02) = 1.000 \times 1,06 =$ R$ 1.060. O capital R$ 1.000 rendeu juros de R$ 60, sendo o montante final de R$ 1.000 + R$ 60 = R$ 1.060.

8. Quais as premissas básicas para a resolução exata de um problema envolvendo juros simples?

Uma operação financeira estruturada com base no regime de juros simples envolve a resolução de um sistema de duas equações correspondentes às duas fórmulas básicas (1) e (2).

$$J = n \cdot i \cdot P \tag{1}$$

$$S = P (1 + n \cdot i) \, (2) \tag{2}$$

Para que haja uma solução determinada com base nas duas equações que enfeixam cinco incógnitas (P, i, n, J e S $\longrightarrow$ principal, taxa de juros, prazo, juros e montante), é necessário o conhecimento de três das cinco variáveis, de modo que, pelas duas equações, sejam calculadas as duas variáveis faltantes.

9. Quando se costuma aplicar o regime de juros simples nas operações financeiras?

O regime de juros simples se aplica mais frequentemente nas operações de curto prazo, especialmente nos empréstimos bancários lastreados em desconto de duplicatas.

10. Qual o valor atualizado, na data corrente de uma dívida a ser paga numa data futura, utilizando-se o regime de juros simples?

Através da fórmula do montante, conhecidos o valor futuro da dívida a ser paga e o prazo e a taxa de juros, o valor atual ou do principal total correspondente

$$é\ P = \frac{S}{1 + n \cdot i}$$

11. Como varia o valor atual da dívida futura com variações no prazo (desde a data atual) e na taxa de juros?

Pela fórmula do valor atual apresentada na resposta à pergunta anterior, quanto maior o prazo e quanto maior a taxa de juros, para o mesmo valor S, menor será o valor atual do principal.

12. O que acontece com o valor atual de negociação de um título, no caso de subir a taxa de juros no mercado?

A fórmula do valor atual explica o fato de que aumentando a taxa de juros (i) no denominador da fórmula, o valor atual P diminuirá. Sempre que a taxa de juros subir no mercado, caem os preços ou os valores atuais dos títulos representativos de dívidas a serem pagas em data futura.

13. O que são taxas de juros equivalentes?

No regime de juros simples, taxas de juros referenciadas a períodos diferentes são ditas equivalentes e quando aplicadas a um mesmo capital geram juros iguais. A taxa simples de 2% ao mês, aplicada a um principal de R$ 100 por 12 meses, gera um volume de juros de R$ 24. Dessa forma a taxa anual de 24% é equivalente a 2% ao mês (24% representa a taxa resultante da relação R$ 24/R$ 100).

14. Qual a fórmula de relacionamento entre as taxas de juros simples mensal e anual equivalentes?

A taxa anual de juros é 12 vezes a taxa mensal de juros, no regime simples.

15. Qual a taxa semestral equivalente à taxa anual de juros simples?

A taxa semestral é metade da taxa anual equivalente, em regime de juros simples.

16. Qual a taxa anual equivalente à taxa trimestral de juros, no regime de juros simples?

A taxa anual é quatro vezes a taxa trimestral de juros, no regime de juros simples.

17. Qual a fórmula que relaciona a taxa mensal de juros com a taxa de um período composto de K meses?

Sendo i_m = a taxa de juros mensal, i_K = taxa de juros do período de K meses,

então: $i_K = i_m \cdot K$.

18. Qual a taxa simples diária equivalente à taxa mensal?

Para o mês comercial com 30 dias, a taxa diária é a taxa mensal dividida por 30.

19. Qual a taxa simples diária equivalente à taxa anual?

Para o ano comercial com 360 dias, a taxa diária comercial equivalente será a taxa anual dividida por 360.

Para o ano exato de 365 dias, a taxa diária exata é a taxa anual dividida por 365.

20. Qual a fórmula da relação entre dois valores de juros rendidos (J_1 e J_2) por dois capitais diferentes (P_1 e P_2), a prazos (n_1 e n_2) e taxas diferentes (i_1 e i_2), no regime de juros simples?

A fórmula dessa relação é $\dfrac{J_1}{J_2} = \dfrac{n_1 \cdot i_1 \cdot P_1}{n_2 \cdot i_2 \cdot P_2}$

21. Qual a fórmula da relação entre dois montantes (S_1 e S_2) correspondentes às aplicações de dois principais (P_1 e P_2), a prazos (n_1 e n_2) e taxas diferentes (i_1 e i_2), no regime de juros simples?

A fórmula dessa relação é $\dfrac{S_1}{S_2} = \dfrac{P_1 \, (1 + n_1 \cdot i_1)}{P_2 \, (1 + n_2 \cdot i_2)}$

Qual o valor atual de uma série de pagamentos futuros R_1, R_2, ... R_n, utilizando-se o regime de juros simples?

O valor atual (data 0) da série de pagamentos é a soma dos valores atuais (na data 0) de cada um dos pagamentos futuros, descontados à taxa de juros simples i, é:

$$P_0 = \frac{R_1}{1+i} + \frac{R_2}{1+2i} + \frac{R_3}{1+3i} + \frac{R_4}{1+4i} + \ldots + \frac{R_n}{1+ni}$$

Em geral a definição de valor atual da série de pagamentos não é realizada pelo regime de juros simples, sendo preferido o regime de juros compostos, pela maior simplicidade das fórmulas de resolução.

23. O que acontece com o valor atual de uma série de pagamentos futuros quando a taxa de juros diminuir?

Pela fórmula apresentada na pergunta anterior, pode-se constatar que, no caso de diminuição da taxa de juros, o valor atual se elevará.

II- Simbologia e fórmulas básicas do regime de juros simples

Simbologia

P = capital ou principal inicial = PV (*present value*)
S = montante final = valor futuro = FV (*future value*)
J = juros da aplicação
i = taxa de juros referente ao período básico (centesimal)
n = número de períodos básicos dentro do prazo da aplicação ou da operação financeira

Fórmulas básicas

$S = P + J$	Montante
$J_b = i \cdot P$	Juro do período-base
$J = n \cdot J_b = n \cdot i \cdot P$	Juro do período de aplicação com n períodos básicos
$S = P + J = P + n \cdot i \cdot P = P(1 + i \cdot n)$	Montante final após n períodos básicos
$P = \dfrac{S}{1 + i \cdot n}$	Valor atual de um montante
$P = \dfrac{R_1}{1+i} + \dfrac{R_2}{1+2i} + \dfrac{R_3}{1+3i} + \ldots + \dfrac{R_n}{1+ni}$	Valor atual de uma série de pagamentos

Taxas diárias: exata e comercial

Exata:	$\dfrac{i_a}{365}$	(taxa anual de referência dividida por 365)
		ano exato com 365 dias
Comercial:	$\dfrac{i_a}{360}$	(taxa anual de referência dividida por 360)
		ano comercial com 360 dias

Taxas equivalentes

Taxa mensal =	$\dfrac{\text{Taxa anual}}{12}$
Taxa semestral =	$\dfrac{\text{Taxa anual}}{2}$
Taxa trimestral =	$\dfrac{\text{Taxa anual}}{4}$
Taxa quadrimestral =	$\dfrac{\text{Taxa anual}}{3}$
Taxa mensal =	$\dfrac{\text{Taxa trimestral}}{3}$

Relação de equivalência de taxas e períodos correspondentes

$$n \cdot i = n' \cdot i'$$
$$\text{ou}$$
$$\frac{i'}{i} = \frac{n}{n'}$$

III- Aplicações em destaque

1) Calcular o montante resultante da aplicação de um capital inicial de R$ 50.000, a juros simples de taxa igual a 2% ao mês, ao final de quatro meses.

Resolução

$$S = P\,(1 + ni) = 50.000 \cdot (1 + 4 \cdot 0{,}02) = 50.000 \times 1{,}08 = R\$\ 54.000$$

2) Calcular o valor dos juros totais correspondentes à aplicação do principal de R$ 10.000, à taxa de juros simples de 1,5% ao mês, no prazo de três meses.

Resolução

$J = n . i . P = 3 . 0,015 . 10.000$
$J = R\$ 450$

3) Qual o principal inicial que aplicado à taxa de juros simples de 2,5% ao mês, durante seis meses, resulta no montante final de R$ 205.000?

Resolução

$$P = \frac{S}{1 + i . n} = \frac{205.000}{(1 + 6 . 0,025)} = \frac{205.000}{1,15} = R\$ 178.260,87$$

4) Um capital de R$ 560.000.000 é aplicado por 12 dias, usando como referência a taxa anual de 20%, em regime de juros simples, comerciais (ano com 360 dias). Calcular o valor de resgate final e do valor dos juros da operação.

Resolução

$$\text{Valor do resgate final} = P . (1 + m . i_d) = P . \left(1 + n . \frac{i_a}{360}\right) =$$

$$= 560.000.000 . \left(1 + 12 . \frac{0,20}{360}\right)$$

$$= 560.000.000 . 1,006667 = R\$ 563.733.333,33$$

5) Calcular o valor atual da série de quatro prestações de R$ 20.000 pagáveis aos finais dos meses 2, 3, 5 e 6, usando a taxa de juros simples de 2,0% ao mês.

Resolução

$$P = \frac{R_2}{1 + 2i} + \frac{R_3}{1 + 3i} + \frac{R_5}{1 + 5i} + \frac{R_6}{1 + 6i}$$

$$P = \frac{20.000}{1 + 2 . 0,02} + \frac{20.000}{1 + 3 . 0,02} + \frac{20.000}{1 + 5 . 0,02} + \frac{20.000}{1 + 6 . 0,02}$$

$$P = \frac{20.000}{1,04} + \frac{20.000}{1,06} + \frac{20.000}{1,10} + \frac{20.000}{1,12}$$

$P = 19.230,77 + 18.867,92 + 18.181,82 + 17.857,14$
$P = R\$ 74.137,65$

6) Qual a taxa de juros mensal simples que faz um principal inicial duplicar em 15 meses?

Resolução

$S = P (1 + ni)$
Sendo $S = 2P = P (1 + ni)$
$2 = 1 + ni$
$2 = 1 + 15 i$
$1 = 15 i$
$i = \dfrac{1}{15} = 0,0667 = 6,67\%$

7) Dois aplicadores investem a mesma quantia em fundos de investimentos diferentes A e B. O primeiro fundo tem rendido aproximadamente 2,50% ao mês em juros simples. Pede-se a taxa de rendimento (simples) do segundo fundo, de modo que os ganhos dos dois investidores se igualem, tendo o primeiro investidor aplicado por 10 meses e o segundo por oito meses e meio.

Resolução

Juros do investidor A $= n_a \cdot i_a \cdot P$
Juros do investidor B $= n_b \cdot i_b \cdot P$

Igualando-se as duas quantias e os valores, tem-se:

$n_a \cdot i_a = n_b \cdot i_b$

Sendo:

$n_a = 10$ meses
$n_b = 8,5$ meses
$i_a = 2,5\%$ a.m.

Calcula-se:

$10 \cdot 0,025 = 8,5 \cdot i_b$

$i_b = \dfrac{10 \cdot 0,025}{8,5} = \dfrac{0,25}{8,5} = 0,0294 = 2,94\%$ a.m.

8) Um principal de R$ 580.000 é aplicado à taxa anual de 15% pelo regime de juros simples. Quais os montantes finais, após 25 dias de aplicação, com a taxa diária sendo exata e sendo comercial?

Resolução

Aplicação a juros exatos

$$\text{Montante} = P \cdot (1 + n \cdot i_d) = P \cdot \left(1 + n \cdot \frac{i_a}{365}\right) =$$

$$= 580.000 \cdot \left(1 + 25 \cdot \frac{0,15}{365}\right) =$$

$$= 580.000 \cdot 1,010274 = R\$ 585.958,90$$

Aplicação a juros comerciais

$$\text{Montante} = P \left(1 + n \cdot \frac{i_a}{360}\right) =$$

$$= 580.000 \cdot \left(1 + 25 \cdot \frac{0,15}{360}\right) =$$

$$= 580.000 \cdot 1,010417 =$$

$$= R\$ 586.041,67$$

9) Mostrar que os juros simples rendidos por um mesmo capital, aplicado em um mesmo prazo, à mesma taxa de juros anual é maior no caso dos juros comerciais. A relação entre os valores do juro comercial e do juro exato nessas aplicações é de 365/360 = 1,01389.

Resolução

Juros exatos: $n \cdot ie \cdot P = n \cdot \dfrac{i_a}{365} \cdot P$

Juros comerciais: $n \cdot i_c \cdot P = n \cdot \dfrac{i_a}{360} \cdot P$

Relação entre juro comercial e juro exato:

$$\frac{J_c}{J_e} = n \cdot \frac{i_a}{360} \cdot P \div n \cdot \frac{i_a}{365} \cdot P = \frac{365}{360} = 1,01389$$

Obs.: O valor dos juros comerciais é 1,389% superior ao dos juros exatos, para a mesma taxa de juros simples de referência anual.

10) Completar as células a, b, c, d, e do quadro de aplicações a seguir, referente aos montantes rendidos:

Tipo	Valor aplicado R$	Taxa de juros da aplicação (simples)	Período de aplicação	Valor de resgate da aplicação
A	150.000,00	15% ao ano (taxa comercial)	3 dias	a
B	200.000,00	3% ao trimestre	12 meses	b
C	560.700,00	18% ao semestre	3 meses	c
D	24.000,00	23% ao ano	2 meses	d
E	1.000.000,00	1,5% ao mês	3 trimestres	e

Resolução

$S = P(1 + i \cdot n)$
n_d = número de dias
i_a = taxa anual
n_m = número de meses
i_m = taxa mensal

a) $S = 150.000 \cdot \left(1 + n_d \cdot \frac{i_a}{360}\right) = 150.000 \cdot \left(1 + 3 \cdot \frac{0,15}{360}\right) = R\$ 150.187,50$

b) $S = 200.000 \cdot (1 + n_m \cdot i_m) = 200.000 \cdot \left(1 + 12 \cdot \frac{0,03}{3}\right) = R\$ 224.000$

c) $S = 560.700 \cdot (1 + i_m \cdot n_m) = 560.700 \cdot \left(1 + 3 \cdot \frac{0,18}{6}\right) = R\$ 611.163$

d) $S = 24.000 \cdot (1 + i_m \cdot n_m) = 24.000 \cdot \left(1 + 2 \cdot \frac{0,23}{12}\right) = R\$ 24.920$

e) $S = 1.000.000 \cdot (1 + i_m \cdot n_m) = 1.000.000 \cdot (1 + 0,015 \cdot 9) = R\$ 1.135.000$

A RESOLVER

11) Determinar o montante final da aplicação de R$ 150.000, à taxa de juros simples de 8% ao semestre, no prazo de 15 meses.

Resposta

R$ 180.000

12) Qual a taxa de juros trimestral, simples, que faz um capital aumentar 75% no prazo de dois anos?

Resposta

9,375% ao trimestre

13) Qual o valor atual de um título com vencimento daqui a sete meses, com valor de face final de R$ 500.000, sendo a taxa de juros simples usada para o desconto de 20% ao ano?

Resposta

R$ 447.761,19

14) Qual o valor atual de uma série de três prestações mensais constantes, sendo o valor de cada uma de R$ 5.000,00, com taxa de juros simples de 2,0% ao mês, e a primeira prestação à vista?

Resposta

R$ 14.709,65

15) O investidor A aplica seu capital de R$ 300.000 à taxa de juros simples de 1% ao mês, enquanto, na mesma data, o investidor B investe seu capital de R$ 250.000 à taxa de juros simples de 2,0% ao mês. Pergunta-se, em quanto tempo o montante do investidor B ultrapassará o montante do investidor A?

Resposta

25 meses

16) Em quanto tempo os juros simples rendidos pela aplicação de R$ 500.000 a juros simples de 1,3% ao mês se igualam ao montante correspondente à aplicação de R$ 100.000 à taxa simples de 2,5% ao mês?

Resposta

25 meses

17) O capital do investidor A é igual a R$ 155.000 e é aplicado à taxa de juros anuais de 20%, em termos de juros comerciais. Pede-se calcular o capital do investidor B que aplicado no mesmo dia da operação do primeiro investidor, a juros simples exatos de 19% ao ano, no prazo de 22 dias, corresponderá a um montante idêntico obtido pelo investidor A. Qual o valor desse montante?

Resposta

Capital de B: R$ 155.118,02
Montante final: R$ 156.894,44

18) Completar as lacunas do quadro seguinte:

Taxa de juros simples	Número de períodos em que duplica o capital inicial aplicado	Número de períodos em que triplica o capital inicial aplicado
2% ao período	a	a'
3% ao período	b	b'
5% ao período	c	c'
10% ao período	d	d'

Resposta

a = 50; b = 33,33; c = 20; d = 10
a' = 100; b' = 66,7; c' = 40; d' = 20

19) Uma aplicação *overnight* (prazo de um dia útil) é realizada na base da taxa mensal nominal de referência de 2,0%. Efetivamente, por dia útil, a taxa equivalente simples a aplicar é de $\dfrac{2,0\%}{30}$. Calcular o valor acumulado pelo capital de R$ 1.000.000, aplicado por um dia útil nessas condições. Qual a taxa diária efetiva simples da aplicação?

Resposta

R$ 1.000.666,67 e a taxa de 0,0667% ao dia

20) Um capital de R$ 5.000.000 foi aplicado à taxa de juros simples de 2,0% ao mês. Após oito meses de aplicação inicial, metade do montante rendido é retirado para ser aplicado em um fundo de investimento que rende a taxa simples de 2,35% ao mês. O restante do capital continua aplicado na linha de juros à taxa simples de 2,0% ao mês. Pergunta-se qual o montante final rendido pelos dois investimentos quatro meses após o início da aplicação no fundo de investimento?

Resposta

R$ 6.304.600

7

Sobre descontos simples por fora
e por dentro

Objetivos

Este capítulo tem a finalidade de apresentar conceitos, fórmulas e cálculos relacionados com as operações de desconto bancário, como aplicação dos juros simples, abordando os seguintes pontos-chave:

- ❏ estrutura da operação de desconto;
- ❏ os tipos de descontos, por dentro e por fora, assim como os seus relacionamentos;
- ❏ a taxa de juros efetiva de uma operação de desconto;
- ❏ a influência do prazo no custo das operações de desconto simples.

I- Questões-chave sobre descontos simples por fora e por dentro

1. O que é uma operação de desconto de um título?

É a operação bancária em que a instituição financeira concede um empréstimo à empresa detentora dos direitos desse título, pelo prazo correspondente ao título, cobrando uma taxa de juros mais impostos e outras despesas de administração. O lastro da operação é esse título, que garante a operação. Caso o banco não receba o valor do devedor do título, na data de pagamento, ele devolve o título à empresa inicialmente credora, cobrando-lhe o valor do empréstimo.

2. Quanto recebe a empresa que desconta o título?

A empresa que desconta um título a receber de sua carteira de clientes recebe do banco o valor atual líquido do título (valor final menos os juros correspondentes ao prazo a decorrer) menos os impostos IOF e taxas cobradas pelo banco. Em alguns casos, o banco exige que uma parcela do valor líquido fique retida no banco para composição e performance de saldo médio da conta da empresa que desconta o título. Outras vezes é exigida reciprocidade de aplicação de parte do valor líquido do empréstimo em contratação de seguros, consultoria e outros serviços polarizados pelo banco.

3. Quais os tipos de desconto bancário?

Os dois tipos de descontos são: o desconto por fora ou comercial e o desconto por dentro ou racional. O desconto por fora é o tipo mais comum dessas operações encontradas no mercado financeiro.

4. Qual a base de cálculo do desconto por fora ou comercial?

A taxa de desconto por fora incide sobre o valor do título a ser pago na data final.

5. Qual a base de cálculo do desconto por dentro?

A taxa de desconto por dentro incide sobre o valor descontado do título, igual a diferença entre o valor final e o valor do desconto efetuado.

6. Qual o valor do desconto por fora?

O valor do desconto por fora (Df) é igual ao produto da taxa de desconto (d) referida a um prazo básico de referência, pelo número de períodos básicos contidos no prazo total do título (n) e pelo valor final do título (V).

$$Df = d \cdot n \cdot V$$

Exemplificando, um título de valor final $V = 1.000$, daqui a dois meses, descontado por fora segundo a taxa de 3% ao mês, terá um desconto por fora no valor de $3\% \times 2 \times 1.000 = 60$.

7. Qual a taxa de desconto por dentro de uma operação de desconto?

É a taxa de juros embutida na operação de desconto. É a taxa que incidindo sobre o valor descontado atual do título, pelo prazo a decorrer até o valor final a ser pago, resulta no valor total do desconto. No exemplo da pergunta anterior, o total dos juros da operação de desconto foi de 60. Sendo assim, o valor descontado do título é 1.000 – 60 = 940. A taxa de juros para dois meses referente à operação é = 6,38%, o que equivale a 3,19% ao mês (taxa maior que 3% ao mês do desconto por fora), no regime de juros simples.

8. Qual a relação entre a taxa de desconto por fora (Df) e a taxa de desconto por dentro (Dd) referente a uma mesma operação de desconto?

A relação entre essas taxas é:

$$Df = \frac{i}{1 + n \cdot i} \qquad (1)$$

ou

$$Dd = \frac{i}{1 - n \cdot d} \qquad (2)$$

Sendo n o número de períodos básicos a que se referem as taxas, dentro do prazo total entre a data de desconto e a data de pagamento final do título.

Exemplificando, a taxa de desconto por fora correspondente à taxa de desconto por dentro, i = 4% ao mês, para três meses de prazo do título é:

$$Df = \frac{0,04}{1 + 3 \cdot 0,04} = \frac{0,04}{1,12} = 3,57\% \text{ ao mês}$$

Por outro lado, conhecendo-se a taxa de desconto por fora de 2,5% ao mês, para um título de prazo de dois meses, a taxa de juros da operação, ou seja, a taxa de desconto por dentro será:

$$Dd = \frac{0,025}{1 - 2 \cdot 0,025} = \frac{0,025}{0,95} = 2,63\% \text{ ao mês}$$

9. Como varia a taxa de juros da operação, mantida a taxa de desconto por fora em função do prazo do título descontado?

Pela fórmula (2) da resposta anterior, verifica-se que quanto maior o prazo do título descontado maior a taxa de juros (i) da operação. Por essa razão a escolha de títulos a receber de uma empresa levados a desconto deve ser orientada, prioritariamente, pelos títulos de menores prazos a decorrer, pois pagará taxas de juros menos elevadas do que a de desconto de títulos mais longos.

10. O que é taxa de deságio de uma operação de desconto?

O deságio é a diferença entre o valor final do título e o valor descontado do título pelo qual ele é negociado com o banco. O deságio corresponde exatamente ao valor do desconto. A taxa de deságio é a relação, em geral referida percentualmente, entre o deságio e o valor final do título. Se o desconto ou deságio total é tal em uma operação de desconto da taxa de deságio de 15%, significa que o valor descontado é 85% do valor final do título.

11. Qual a fórmula da taxa de juros simples referida a um período básico, de uma operação de desconto, conhecida a taxa do deságio da operação de desconto, sendo n o número de períodos básicos a decorrer até o resgate final do título?

A fórmula da taxa de juros (i), referenciada à taxa de deságio d, sendo n o prazo do título:

$$i = \frac{d}{n\,(1-d)}$$

Exemplificando, uma taxa de deságio de 10% em um título 100% recebível daqui a três meses corresponde a uma operação com juros intrínsecos simples de

$$i = \frac{0{,}10}{3\,(1-0{,}10)} = \frac{0{,}10}{2{,}70} = 3{,}70\% \text{ ao mês}$$

II- Simbologia e fórmulas básicas para cálculos de descontos bancários

Simbologia

D = valor do desconto acertado para um título

D = valor de face (S) – valor descontado (VD)

D_f = desconto "por fora" ou comercial (taxa de desconto incidente sobre o valor de face ou de resgate do título que é descontado)

D_d = desconto "por dentro" ou racional (taxa de desconto incidente sobre o valor descontado do título)

d = taxa de desconto comercial ou "por fora"

i = taxa de desconto "por dentro" ou racional (taxa de juros efetiva da operação de descontos)

n = número de períodos básicos dentro do prazo do desconto (intervalo entre a data atual da operação de desconto e a data de vencimento de título que está sendo descontado)

Fórmulas básicas

$D_f = D_d$	Para uma mesma operação de desconto
$D_f = n \cdot d \cdot S$	Valor do desconto "por fora"
$D_d = S - VD = n \cdot i \cdot VD$	Valor do desconto "por dentro"
$VD = (1-d) \, n \cdot S$ (no desconto por fora) $VD = n \cdot i \cdot P = n \cdot i = \dfrac{n \cdot i \cdot S}{(1+ni)}$ (no desconto por dentro)	Valor descontado do título
Cálculo de $d = \dfrac{i}{(1+ni)}$ (por fora)	Relações entre as taxas de desconto em uma mesma operação de desconto
Cálculo de $i = \dfrac{d}{(1-nd)}$ (por dentro)	

III- Aplicações em destaque

1) Qual a taxa de desconto por dentro equivalente à taxa de desconto por fora de 3% ao mês, sendo o prazo do desconto de três meses?

Resolução

Taxa de desconto por dentro:

$$i = \frac{d}{(1-nd)}$$

onde:

d = 3% (taxa por fora)

n = 3 meses

$$i = \frac{0,03}{(1-3 \cdot 0,03)} = \frac{0,03}{(1-0,09)} = \frac{0,03}{0,91} = 0,03297 = 3,297\% \text{ a.m.}$$

2) Qual a taxa de desconto por fora equivalente à taxa de desconto por dentro de 1,80% ao mês, sendo o prazo do desconto de dois meses?

Resolução

Taxa de desconto por fora:

$$d = \frac{i}{(1 + ni)}$$

onde:
i = 1,80% a.m. = 0,018 a.m.
n = 2 meses

$$d = \frac{0,018}{1 + 2 \cdot 0,018} = \frac{0,018}{1,036} = 0,01737 = 1,737\% \text{ a.m.}$$

3) Qual a relação entre as taxas de desconto por dentro apuradas para duas operações realizadas com a taxa de desconto comercial (por fora) de 3% ao mês, uma para prazo de dois meses e outra para desconto de um título de quatro meses?

Resolução

Taxa de desconto "por fora" = 3% = 0,03 a.m.
Taxa de desconto "por dentro" para n = 2 meses

$$i = \frac{d}{(1 - nd)} = \frac{0,03}{(1 - 2 \cdot 0,03)} = \frac{0,03}{0,94} = 0,031915 = 3,1915\% \text{ a.m.}$$

Taxa de desconto "por dentro" para n = 4 meses:

$$i = \frac{d}{(1 - nd)} = \frac{0,03}{(1 - 4 \cdot 0,03)} = \frac{0,03}{0,88} = 0,034091 = 3,4091\%$$

Relação entre as duas taxas de desconto por dentro:

$$\frac{3,4091\%}{3,1915\%} = 1,0682$$

4) Qual o valor descontado de um título com valor de vencimento de R$10.000 daqui a três meses, sendo cobrada a taxa de desconto por fora de 2,5% ao mês? Qual o valor do desconto dessa operação?

Resolução

Valor do desconto "por fora": $n \cdot d \cdot S = 3 \cdot 0,025 \cdot 10.000 = R\$ 750$
Valor descontado do título $= VD = S - Df = 10.000 - 750 = R\$ 9.250$

5) Uma empresa tem uma carteira com três títulos, que oferece para uma operação de desconto no banco, que cobra taxa de desconto por fora de 2% ao mês. Qual o valor descontado total que a empresa receberá?

Título	Valor de resgate R$	Prazo da data atual à data de resgate
A	65.300,00	25
B	22.750,00	37
C	11.454,00	64

Nota: Usar taxa comercial com mês de 30 dias.

Resolução

Os valores descontados "por fora" à taxa de 2% ao mês são:

A (25 dias): $VD = 65.300,00 - 65.300,00 \cdot 25 \cdot \dfrac{0,02}{30} =$

$65.300,00 - 1.088,33 = R\$ 64.211,67$

B (37 dias): $VD = 22.750,00 - 22.750,00 \cdot 37 \cdot \dfrac{0,02}{30} =$

$22.750,00 - 561,17 = R\$ 22.188,83$

C (64 dias): $VD = 11.454,00 - 11.454,00 \cdot 64 \cdot \dfrac{0,02}{30} =$

$11.454,00 - 488,70 = R\$ 10.965,30$

A soma dos três valores descontados é R$ 64.211,67 + R$ 22.188,83 + R$ 10.965,30 = R$ 97.365,80

6) Uma empresa tem um título no valor de R$ 300.000 a receber em 90 dias e deseja descontá-lo para fazer caixa. Consulta três bancos A, B e C para saber as condições respectivas para essa operação. O resultado desse levantamento foi:

Banco	Propostas
A	Taxa de desconto por fora de 3% a.m.
B	Taxa de desconto por dentro de 3,5% a.m.
C	Valor descontado do título: R$ 274.500

Qual a proposta mais interessante para a empresa?

Resolução

A melhor solução é aquela em que o mutuário vai receber o maior valor descontado pelo título. Os valores descontados, segundo os bancos, são:

Pelo banco A: VD = 300.000 – 300.000 . 0,03 . 3 = R$ 300.000 – R$ 27.000 = R$273.000,00

Pelo banco B: $VD = 300.000 - 300.000 . \dfrac{300.000 . 0,03 . 3}{1 + 3 . 0,03} = 300.000 - 24.770,64 =$

R$275.229,36

Pelo banco C: VD = R$ 274.500

Resposta

A melhor proposta para desconto é do banco B.

7) Qual a taxa de desconto comercial que numa operação de desconto de um título de 90 dias do vencimento fez com que o valor do desconto a ser praticado seja equivalente a 8% do valor de resgate final do título?

Resolução

Sendo d = taxa de desconto comercial mensal, n = número de meses
Desconto comercial = 8% do valor resgate (S)
$n . d . S = 0,08 . S$
$3 . d . S = 0,08 . S$
$3 . d = 0,08$

$d = \dfrac{0,08}{3} = 0,026667$

$d = 2,67\%$ a.m.

8) Completar as células a, b, c, d, e no quadro a seguir, referentes aos descontos de títulos de prazos diferentes, cobrando-se taxa de desconto comercial de 2,5%

ao mês. O valor final dos títulos é, em qualquer caso, R$ 100.000. Mês comercial de 30 dias.

Título	Prazo do título (dias)	Valor descontado (R$)
A	15	a
B	30	b
C	45	c
D	60	d
E	90	e

Resolução

Os valores descontados do título são:

$$a = 100.000 - 100.000 \cdot \frac{15}{30} \cdot 0,025 = R\$ 98.750$$

$$b = 100.000 - 100.000 \cdot 1 \cdot 0,025 = R\$ 97.500$$

$$c = 100.000 - 100.000 \cdot \frac{45}{30} \cdot 0,025 = R\$ 96.250$$

$$d = 100.000 - 100.000 \cdot 2 \cdot 0,025 = R\$ 95.000$$
$$e = 100.000 - 100.000 \cdot 3 \cdot 0,025 = R\$ 92.500$$

9) Qual o valor líquido recebido em uma operação de desconto por fora de uma promissória de valor nominal igual a R$ 9.000 (S) à taxa simples de 3,4% a.m. mais o imposto sobre operações financeiras IOF de 1,6% sobre o valor nominal do título, três meses e 10 dias (100 dias) antes do vencimento? Qual o valor total do desconto percentualmente em relação ao valor do título?

Resolução

Valor do desconto do banco (por fora):

$$n. \, d. \, S = 100 \cdot \frac{0,034}{30} \cdot 9.000 = R\$ 1.020$$

Valor do IOF = 1,6% . 9.000 = R$ 144
Valor do desconto total: 1.020 + 144 = R$ 1.164
Valor descontado (líquido recebido) = R$ 9.000 – R$ 1.164 = R$ 7.836
Valor do desconto total (com IOF) em relação ao valor do título:

$$1.164 / 9.000 = \frac{1 \cdot 164}{9 \cdot 000} = 12,93\%$$

10) Demonstrar que a taxa de juros efetiva (taxa de desconto por dentro) correspondente a uma operação de desconto por fora para a mesma taxa de desconto e para o mesmo título é tanto quanto maior quanto for o prazo do desconto.

Resolução

A taxa de desconto por dentro (taxa de juros simples da operação) é i:

$$i = \frac{d}{(1 - nd)}$$

Como a taxa de desconto por fora d é uma constante, quanto maior for o prazo n, o denominador da fórmula diminui e, em consequência, a fração (i = taxa efetiva de juros) se eleva.

11) Em uma determinada operação de desconto bancário simples, a taxa de desconto por fora é sempre menor do que a taxa de desconto por dentro. Demonstrar essa propriedade.

Resolução

Sabe-se que as fórmulas das taxas simples de desconto de uma operação bancária de desconto são:

Taxa por dentro: $i = \frac{d}{(1 - nd)}$

Taxa por fora: $i = \frac{i}{(1 + ni)}$

Tomando-se a segunda fórmula e transformando-a em produto de dois fatores:

$$d = i \cdot \frac{1}{(1 + ni)}$$

O segundo fator é inferior à unidade, pois sendo o numerador 1, denominador maior do que 1, a fração é inferior a 1. Esse segundo fator, menor que a unidade, multiplicando i (taxa de desconto por dentro) para encontrar d (taxa de desconto por fora) faz com que, nesse caso, essa segunda taxa seja menor do que a primeira:

$$d < i$$

12) Deseja-se substituir um título de valor nominal de R$ 22.000 vencível em dois meses por outro com vencimento em quatro meses. A taxa de desconto por fora cobrada é de 3% ao mês. Qual o valor de face do novo título que deverá ser entregue ao banco?

Resolução

O valor do novo título procurado deverá ser tal que seu valor descontado atualmente seja idêntico ao valor descontado do primeiro título a ser substituído.
Valor descontado do 1° título:

$$VD_1 = 22.000 - 22.000 \cdot 0,03 \cdot 2 = R\$ 22.000 - R\$ 1.320 = R\$ 20.680$$

Equação para cálculo do valor de resgate do 2° título que substituíra o 1°:

$$VD_1 = VD_2$$
$$20.680 = VD_2 - VD_2 \cdot 0,03 \cdot 4$$
$$20.680 = VD_2 - 0,12 \, VD_2 = 0,88 \, VD_2$$
$$VD_2 = 20.680 / 0,88 = R\$ 23.500$$

A RESOLVER

13) Um título de valor de face igual a R$ 4.000 é levado a desconto 35 dias antes de seu vencimento. O banco cobra a taxa de desconto por fora de 2,2% ao mês. Qual o valor líquido recebido pelo mutuário?

Resposta

R$ 3.897,33

14) Com relação ao exercício 13, pergunta-se, qual a taxa de desconto cobrada por dentro (taxa efetiva da operação)?

Resposta

2,2258% a.m.

15) No caso de haver também cobrança de IOF de 1,6% do valor do título no caso do exercício 13, qual seria o novo valor líquido recebido no desconto? Qual seria a taxa efetiva de juros da operação, considerando o período de 35 dias?

Resposta

R$ 3.833,33
4,35% (no período de 35 dias)

16) No caso do exercício 12, qual seria o valor de face de um novo título de 72 dias a ser escolhido para substituir o título de R$ 22.000 em dois meses, prevalecendo as demais condições bancárias?

Resposta

R$ 22.284,48

17) O diretor financeiro de uma empresa toma a decisão de levar para desconto bancário um título de valor de face de R$ 30.000 com vencimento em 34 dias em lugar de outro título de mesmo valor de face com 66 dias. A taxa de desconto por fora cobrada pelo banco é de 2,96% ao mês. Quanto foi economizado por essa decisão?

Resposta

R$ 947,20

18) O banco devolveu para a empresa um título de valor igual a R$ 18.500, que havia sido descontado, mas seu devedor não honrou pagamento na data atual. A empresa negociou o pagamento desse déficit em 15 dias, colocando em sua carteira de cobrança bancária um título de R$ 18.829,52. Qual a taxa de desconto por fora mensal cobrada pelo banco nessa operação?

Resposta

3,50% a.m.

19) Em determinado banco, a taxa de desconto por dentro é 10% superior à taxa de desconto por fora, em operações de seis meses. Pede-se calcular a taxa de desconto por fora que esse banco cobra.

Resposta

1,515% a.m.

20) Um título de crédito foi descontado sendo cobrada a taxa por fora de 2,5% ao mês, 125 dias antes de seu vencimento, totalizando o desconto o valor de R$ 1.750. Se a taxa de desconto fosse de 2,5% a.m. Qual seria o valor do desconto? Qual o valor nominal do título em desconto?

Resposta

R$ 1.584,91 (valor do desconto por dentro)
R$ 16.800 (valor do título)

8

Sobre juros compostos

Objetivos

Este capítulo tem como foco a apresentação dos principais conceitos e aplicações vinculadas ao regime de juros compostos:

- ❑ conceituação dos juros compostos;
- ❑ diferenciação com o regime de juros simples;
- ❑ principais fórmulas para aplicação no cálculo do principal, taxas de juros, montante e juros das operações simples (aplicação em uma data inicial e resgate numa data final única);
- ❑ cálculo de valor atual de títulos com vencimento futuro;
- ❑ equivalência de taxas de juros compostos.

I- Questões-chave sobre juros compostos

1. O que caracteriza o regime de juros compostos em operações financeiras?

No regime de juros compostos a remuneração de um capital aplicado ou de um empréstimo bancário é calculada periodicamente como um percentual constante do capital acumulado, ou seja, o montante soma do capital mais os juros rendidos em cada período. Por isso o regime é também chamado de capitalização.

2. O que diferencia o regime de juros compostos do regime de juros simples?

No regime de juros compostos os juros são calculados sobre o montante gerado até o período anterior. No regime de juros simples os juros periódicos são constantes, calculados sobre o capital inicialmente aplicado.

3. No tocante ao período de aplicação, qual a atenção especial que se deve ter para bem caracterizar os cálculos de juros compostos?

É essencial para definição do regime utilizado que se conheça o período básico de capitalização dos juros ao montante. Será então possível se conhecer quantos períodos de capitalização cabem no período total da aplicação financeira. Exemplificando, se o regime de cálculo dos juros é feito através de capitalização mensal, a aplicação de um ano envolverá 12 períodos de capitalização. No caso de capitalização trimestral, uma aplicação de nove meses abrangerá três períodos de capitalização. O que importará para o uso adequado das fórmulas de juros compostos é o número de períodos de capitalização no prazo do investimento ou do empréstimo cogitado.

4. O que é o período de capitalização?

É o período em que os juros são incorporados ao principal para formar o montante que passará a render novos juros em períodos subsequentes.

5. O que é a taxa de juros compostos?

É a relação constante (eventualmente modificável) entre os juros rendidos em um período de capitalização e o montante inicial referente ao início desse período.

6. Para taxas de juros equivalentes, qual a diferença de resultado dos juros simples e dos juros compostos?

Se a taxa de juros é a mesma, no regime de juros compostos, os valores dos juros rendidos e dos montantes, após o primeiro período de cálculo, serão mais elevados do que os valores apurados no regime de juros simples. O fato se deve à capitalização dos juros ao principal gerando montantes maiores sobre os quais incidirá a mesma taxa de juros.

Exemplificando, a aplicação de $ 1.000 à taxa de juros de 10% ao ano, em regime de capitalização anual, pelos juros simples os juros sucessivos serão iguais a 10% de 1.000 = $ 100 ao ano e os montantes $ 1.100, $ 1.200, $ 1.300 etc. aos finais dos anos 1, 2, 3 etc. Em regime de juros compostos no ano 1 o juro será de $ 100 e o montante $ 1.100, no ano 2 o juro será $ 110 (10% de $ 1.100) e o montante $ 1.210, no ano 3 juro de $ 121 (10% de $ 1.210) e o montante $ 1.321 etc.

7. Qual a fórmula do montante no regime de juros compostos, após n períodos de capitalização no prazo total da aplicação?

$$A \text{ fórmula é } S = P (1 + i)^n$$

Onde:

P = capital inicial
i = taxa de juros composta (referente ao período de capitalização definido)
n = número de período de capitalização no prazo global da aplicação
S = montante ao final da aplicação

Assim, um principal, P = $ 1.000, aplicado ao longo de três anos, à taxa de juros semestral de 5%, em regime de capitalização semestral, terá os seguintes resultados (após seis semestres):

Montante:
$S = P (1 + i)^n = 1.000 (1 + 0,05)^6 = 1.000 \times 1,05^6 = 1.000 \times 1,3401 = \$ 1.340,10$

Juros da aplicação (diferença do montante e do capital aplicado):
$I = S - P = 1.340,10 - 1.000 = \$ 340,10$

8. É obrigatória a realização dos cálculos dos juros compostos mediante a fórmula indicada na resposta anterior?

Não. Quem tiver uma calculadora financeira poderá executar rapidamente os cálculos, pois as fórmulas já se encontram inseridas, somente sendo preciso imputar os dados adequados. No capítulo seguinte serão mostrados os cálculos através do uso da calculadora HP-12C.

9. Quando se costuma utilizar o regime de juros compostos nas operações financeiras?

Em geral se aplica nas operações de médio e longo prazos. Não se deve esquecer, contudo, que qualquer operação financeira poderá ter a ela associada uma taxa de juros simples ou taxa de juros composta, não importando o seu prazo.

10. Resumindo, quais as variáveis que devem estar precisamente definidas para adequada aplicação do regime de juros compostos?

São as seguintes: o principal da aplicação, o período de capitalização do regime de juros compostos, a taxa de juros referida ao período de aplicação, o prazo da aplicação medido em número de períodos de capitalização básica.

11. Qual a fórmula do valor dos juros totais rendidos no regime de juros compostos?

$$J = S - P = P\,(1 + i)^n - P = P\,[(1 + i)^n - 1]$$

12. O que é necessário basicamente para o cálculo de todas as cinco variáveis envolvidas numa operação financeira, mediante o uso dos juros compostos?

Uma operação financeira, estruturada a parte do regime de juros compostos, abrange cinco variáveis básicas a serem resolvidas através de duas equações:
Fórmula do montante $S = P\,(1 + i)^n$
Fórmula dos juros $J = S - P$

Para que haja uma solução determinada, a partir de duas equações e cinco incógnitas (P, n, i, J, S), é necessário o conhecimento de três das cinco variáveis para o cálculo das duas variáveis faltantes.

13. Qual o valor atual de um título com valor de resgate após n períodos de prazo, utilizando juros compostos?

A fórmula do valor atual é $\quad VA = P = \dfrac{S}{(1 + i)^n}$

onde:

S = valor final do título
i = taxa de juros compostos vigente na data atual
n = número de períodos de capitalização no prazo do título

Exemplificando, sendo o valor de resgate final de um título, ao final de dois anos, $ 5.000, e a taxa de juros compostos anual, valendo 15% ao ano, teremos, então, o valor atual desse título:

$$VA = \frac{5.000}{(1 + 0,15)^2} = \frac{5.000}{1,15^2} = \$\ 3.780,72$$

14. Como varia o valor atual de um título se a taxa de juros se modificar?

Pelo regime de juros compostos, aplicando-se a fórmula da pergunta anterior, pode-se constatar que a elevação da taxa de juros fará decrescer o valor atual do título. Ao contrário, se a taxa de juros diminuir, o valor atual do título se elevará.

Exemplificando, um título de valor de face (valor de resgate final) igual a $ 1.000, daqui a três anos, terá valor atual de $ 751,31, caso a taxa de juros anual composta seja de 10%.

$$VA_1 = \frac{1.000}{(1 + 0,10)^3} = \frac{1.000}{1,10^3} = \$\ 751,31$$

Caso a taxa de juros se eleve para 11% ao ano, o valor atual do mesmo título cai para $ 731,19.

$$VA_2 = \frac{1.000}{(1 + 0,11)^3} = \frac{1.000}{1,11^3} = \$\ 731,19$$

Na hipótese de a taxa de juros diminuir para 9% ao ano, o valor atual desse título se elevará para $ 772,18.

$$VA_3 = \frac{1.000}{(1 + 0,09)^3} = \frac{1.000}{1,09^3} = \$\ 772,18$$

15. O que são taxas de juros compostos equivalentes?

Taxas de juros compostos são equivalentes, mesmo referidas a diferentes períodos de capitalização, quando aplicadas a um mesmo capital, por um mesmo prazo total, e resultam juros e montantes equivalentes.

16. Qual a fórmula de relacionamento entre duas taxas de juros compostas equivalentes?

Sendo i a taxa de juros compostos de um período global e sendo i_m a taxa de juros composta referida a um subperíodo do período global, sendo m o número de subperíodos contidos no período global então existe a relação:

$$1 + i = (1 + i_m)^m$$

Ou seja:

A taxa do período global, em termos centesimais, é igual a $i = (1 + i_m)^m - 1$

A taxa do subperíodo, em termos centesimais, é igual a

$$i_m = \sqrt[m]{1+i} - 1 = (1+i)^{\frac{1}{m}} - 1$$

Exemplificando, a taxa anual equivalente à taxa mensal composta de 1% ao mês é:
$i = (1 + 0,01)^{12} - 1 = 1,1268 - 1 = 0,1268 = 12,68\%$ ao ano.
E a taxa bimestral composta equivalente a 24% ao ano.

$$i_m = (1 + 0,24)^{\frac{1}{6}} = \sqrt[6]{1,24} - 1 = 1,0365 - 1 = 0,0365 = 3,65\% \text{ ao bimestre}$$

17. Apresentar uma tabela com as taxas anuais simples e compostas equivalentes a diversas taxas mensais.

Taxa mensal	Taxa anual equivalente	
	Por juros simples	Por juros compostos
0,1%	1,2%	1,21%
0,2%	2,4%	2,42%
0,3%	3,6%	3,66%
0,4%	4,8%	4,91%
0,5%	6,0%	6,17%
1,0%	12,0%	12,68%
1,5%	18,0%	19,56%
2,0%	24,0%	26,82%
2,5%	30,0%	34,49%
3,0%	36,0%	42,58%
4,0%	48,0%	60,10%
5,0%	60,0%	79,59%
6,0%	72,0%	101,22%
7,0%	84,0%	125,22%
8,0%	96,0%	151,82%
9,0%	108,0%	181,27%
10,0%	120,0%	213,84%

18. Como se define em geral a taxa de juros compostos do período de capitalização quando ele não coincide com o período anual de referência dos prazos das aplicações ou dos empréstimos?

Em geral a taxa de juros de uma operação financeira é referida ao período anual. Caso o processo de cálculo financeiro defina como base um período de capitalização diferente do período anual, em geral define-se a taxa de capitalização a ser aplicada no subperíodo de efetiva capitalização de forma linear em relação à taxa anual de referência. Assim, para a taxa anual de referência de 15% anual capitalizada semestralmente, a taxa de capitalização efetiva a ser utilizada no cálculo é de $\dfrac{15\%}{2}$ = 7,5% ao semestre. Caso se aplique $ 1.000 por três anos, seis semestres, à taxa anual de 15% ao ano, ou efetivamente 7,5% ao semestre, o montante final rendido será $ 1.543,30. $S = 1.000 \ (1 + 0,075)^6 = 1.000 \times 1,075^6 = \$ \ 1.543,30$.

Efetivamente a taxa anual da operação é $\quad \dfrac{1.543,30 - 1.000}{1.000}$ = 54,33% em três anos, o que equivaleria à taxa anual 15,56% superior àquela usada para referência de 15%. A diferença encontrada se motiva pelo processo de capitalização em subperíodos semestrais usando-se uma taxa linear semestral efetiva que não é equivalente a 15% ao ano, mas, sim, a 15,56% ao ano.

19. Apresentar um quadro onde se exponha as taxas anuais efetivas de capitalização correspondentes a diversos subperíodos de capitalização dentro do ano. Tomando como referência a taxa de 12% ao ano.

Número de subperíodos de capitalização dentro do ano	Subperíodo de capitalização	Taxa efetiva de capitalização no subperíodo	Taxa anual efetiva equivalente
1	Ano	12%	12%
2	Semestre	6%	12,36%
3	Quadrimestre	4%	12,4864%
4	Trimestre	3%	12,5509%
5		2,4%	12,5899%
6	Bimestre	2%	12,6162%
12	Mês	1%	12,6825%
24	15 dias	0,5%	12,7160%
48	7,5 dias	0,25%	12,7328%
120	3 dias	0,10%	12,7429%
n (muito grande)			12,7497%
Capitalização Instantâneo	Instantâneo	$\dfrac{12}{n}$ ($n \to \infty$)	(limite)

II- Simbologia e fórmulas básicas do regime de juros compostos

Simbologia

P = capital ou principal inicial = PV (*present value*)
S = montante final = valor futuro = FV (*future value*)
J = juros da aplicação
i = taxa de juros referente ao período básico (centesimal)
n = número de períodos básicos dentro do prazo de aplicação

Fluxo de caixa da operação básica

Fluxo de uma aplicação

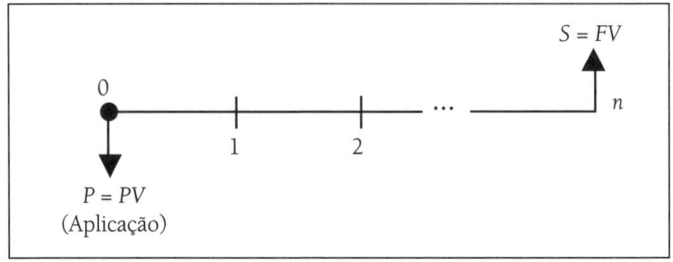

Fluxo de um empréstimo (ótica do mutuário)

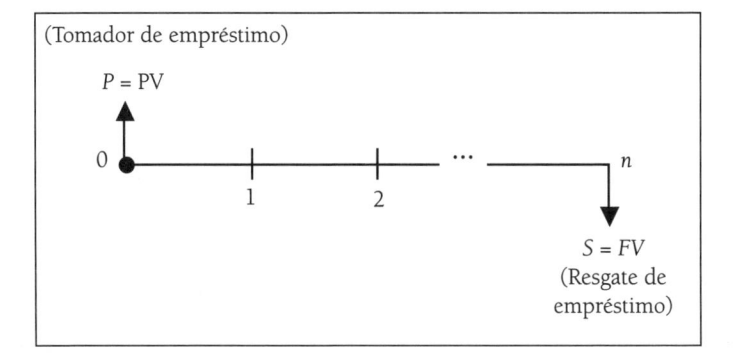

Fórmulas básicas

$S = P + J$	Montante
$J_1 = i \cdot P$	Juro do $1^{\underline{o}}$ período
$S = P(1 + i)^n$	Montante após n períodos
$P = \dfrac{S}{(1 + i)^n}$	Valor atual de um montante final

Taxas equivalentes

i = taxa do período global
i_m = taxa do subperíodo 1/m do período global

$$1 + i = (1 + i_m)^m$$
ou
$$i_m = \sqrt[m]{1+i} - 1$$

Taxa efetiva obtida por capitalização em subperíodos

$$S = P \cdot (1 + \frac{j}{P})^{p \cdot n}$$

Montante do capital P após n períodos, à taxa de juros nominal j do período, havendo p subperíodos de capitalização no período maior.

III- Aplicações em destaque

1) Calcular o montante rendido pelo capital de R$ 28.000, aplicado à taxa de juros composta de 20% ao ano, após três anos?

Resolução

$S = P(1 + i)^n = 28.000 \cdot (1 + 0,20)^3 = 28.000 \cdot 1,20^3 = 28.000 \cdot 1,728 =$ R$ 48.384

2) No exercício 1, quais foram os juros da aplicação?

Resolução

$J = S - P = 48.384,00 - 28.000 = R\$ 20.384$

3) Qual o capital inicial (valor atual) que corresponde a um montante de R\$ 11.000, daqui a cinco anos, sendo a taxa de juros composta de 18% ao ano?

Resolução

$$P = \frac{S}{(1+i)^n} = \frac{11.000}{(1+0,18)^5} = \frac{11.000}{1,18^5} = \frac{11.000}{2,287758} = R\$ 4.808,20$$

4) Qual a taxa anual composta equivalente à taxa mensal de 1,0%?

Resolução

$1 + i = (1 + i_m)^m = (1 + 0,01)^{12} = 1,01^{12} = 1,1268$
$i = 1,1268 - 1 = 0,1268 = 12,68\%$

5) Qual a taxa mensal composta equivalente a 12% a.a.?

Resolução

$1 + i = (1 + i_m)^m$
$1 + 0,12 = (1 + i_m)^{12}$

$1 + i_m = \sqrt[12]{1,12} = 1,009489$

$i_m = 0,009489 = 0,9489\%$ a.m.

6) Completar as células $a, b, c, d, e, f, g, h, i, j$ do seguinte quadro:

Taxa mensal composta	Taxa anual equivalente	Resolução (cálculo)
1%	a	$= 1,01^{12} - 1 = 12,68\%$
2%	b	$= 1,02^{12} - 1 = 26,82\%$
3%	c	$= 1,03^{12} - 1 = 42,58\%$
4%	d	$= 1,04^{12} - 1 = 60,10\%$
5%	e	$= 1,05^{12} - 1 = 79,59\%$
6%	f	$= 1,06^{12} - 1 = 101,22\%$
7%	g	$= 1,07^{12} - 1 = 125,22\%$
8%	h	$= 1,08^{12} - 1 = 151,82\%$
9%	i	$= 1,09^{12} - 1 = 181,27\%$
10%	j	$= 1,10^{12} - 1 = 213,84\%$

7) Qual a taxa semestral composta equivalente à taxa bimestral de 2,5%?

Resolução

Sendo i = taxa semestral, i_m = taxa bimensal, m = 3
$1 + i = (1 + i_m)^m = (1 + 0,025)^3 = 1,025^3 = 1,07689$
$i = 0,07689 = 7,689\%$ ao semestre

8) Qual a taxa trimestral composta equivalente a 25% ao ano?

Resolução

Sendo i = taxa anual, i_m = taxa trimestral, m = 4 (quatro trimestres em um ano)

$1 + i = (1 + i_m)^m = 1 + 0,25 = (1 + i_m)^4 =$

$= 1,25 = (1 + i_m)^4 = (1 + i_m) = \sqrt[4]{1,25} = 1,05737 =$

$i_m = 0,05737 = 5,737\%$ ao trimestre

9) Qual o montante percentual de um capital aplicado hoje, no valor de R$ 168.000, à taxa de juros composta de 12,5% ao semestre, ao longo de sete trimestres?

Resolução

Taxa de juros = 12,5% ao semestre
Taxa trimestral equivalente:

$i_m = \sqrt[2]{1,125} - 1 = 6,066\%$ ao trimestre

Montante após 7 trimestres
$S = P (1 + i)^n = 168.000 \cdot (1 + 0,06066)^7 = 168.000 \cdot 1,510196 = R\$ 253.712,94$

Aumento percentual do capital:

$$\frac{253.712,94 - 168.000}{168.000} = \frac{85.712,94}{168.000} = 51,02\%$$

10) Após oito anos de aplicação, qual a diferença absoluta e relativa entre os montantes das aplicações de R$ 230.000 à taxa de juros simples de 15% a.a. e à taxa de juros composta de 15% a.a.?

Resolução

Montante final após oito anos pela aplicação a juros simples de 15% a.a.:
$S = P \cdot (1 + ni) = 230.000 \cdot (1 + 8 \cdot 0,15) = 230.000 \cdot 2,20 = R\$ 506.000$

Montante final após oito anos, pela aplicação a juros compostos de 15% a.a.:
$S = P (1 + i)^n = 230.000 \cdot (1 + 0,15)^8 = 230.000 \cdot 1,15^8 = 230.000 \cdot 3,059 = R\$ 703.575,26$

Diferença absoluta: R\$ 703.575,26 – R\$ 506.000 = R\$ 197.575,26

Diferença relativa (base no montante a juros simples): $\dfrac{197.575,26}{506.000} = 39,05\%$

A RESOLVER

11) Qual o montante final e os juros totais resultantes da aplicação de R\$ 200.000 por 18 meses à taxa anual composta de 22%?

Resposta

R\$ 269.506,81 (montante)
R\$ 69.506,81 (juros)

12) Qual o valor atual de um título de valor final de resgate de R\$ 35.000 vencível daqui a 13 meses, sendo a taxa de juros composta estabelecida para a operação de 17% a.a.?

Resposta

R\$ 29.525,69

13) Um fundo de investimento, com taxa de juros variável, no 1º mês rendeu 1,75%, no 2º mês: 3,25% e no 3º mês, 4,77%. Qual o rendimento total acumulado nos três meses?

Resposta

10,068%

14) Um capital P_1 é aplicado a juros compostos à taxa de 3,5% ao mês, enquanto na mesma data o capital P_2 igual a $k \times P_1$ ($P_2 = k \cdot P_1$) é aplicado taxa composta de 2,8% ao mês. Pede-se calcular o valor do multiplicador k de modo que, após 33 meses, os montantes relativos às duas aplicações se igualem.

Resposta

$k = 1,251$

15) O numerador de um quociente cresce à taxa composta de 8% ao ano e o denominador à taxa composta de 3% ao ano. Pede-se calcular a taxa de crescimento cumulativo desse quociente, após 10 anos.

Resposta

60,64%

16) Recalcular a taxa de crescimento cumulativo do quociente, no exercício anterior, se o período total de crescimento fosse de 20 anos.

Resposta

158,07%

17) Pede-se calcular a taxa de crescimento do produto de dois fatores em cinco anos, sabendo que a taxa anual composta de crescimento do 1º fator é de 6% e do 2º fator é de 4%.

Resposta

62,82%

18) Recalcular a taxa de crescimento daquele produto de duas variáveis, do exercício anterior, no caso de o período total de 10 anos.

Resposta

165,09%

19) O capital P_1 é aplicado à taxa de juros composta de 10% ao ano, enquanto outro capital, P_2 é investido, na mesma data, à taxa de juros composta de 8% ao ano. Em quantos anos serão igualados os dois montantes gerados, no caso de capital P_2 ser aproximadamente 20% maior do que o capital P_1?

Resposta

10 anos

9

Sobre séries de prestações (juros compostos) e equivalências financeiras

Objetivos

Esta parte do livro tem o objetivo de apresentar os principais conceitos, fórmulas e aplicações de séries de pagamentos ou de recebimentos, calculados no regime de juros compostos.

Especificamente são tratados:

- os cálculos de valor atual das séries;
- os cálculos de valor futuro das séries;
- a conceituação de equivalência financeira;
- as propriedades e aplicações de séries equivalentes;
- as principais fórmulas de valor atual e valor futuro das séries de prestações constantes, antecipadas ou postecipadas;
- as características e fórmulas das séries perpétuas de termos constantes;
- as características e fórmulas das séries de prestações crescentes em progressão geométrica;
- as características e fórmulas das séries diferidas;
- as características e fórmulas das séries mistas, constituídas por prestações crescentes em progressão geométrica e valores constantes a partir de certa data.

I- Questões-chave sobre séries de prestações (juros compostos) e equivalências financeiras

1. Qual o valor atual de uma série de prestações, no regime de juros compostos?

É a soma dos valores atualizados, no regime de juros compostos, de cada prestação da série. Sendo R_1, R_2, R_3, ..., R_n as prestações da série, e a taxa de juros compostos i, o valor atual da série é:

$$VA = \frac{R_1}{1+i} + \frac{R_2}{(1+i)^2} + \frac{R_3}{(1+i)^3} + \frac{R_4}{(1+i)^4} + \ldots + \frac{R_n}{(1+i)^n}$$

2. Qual o valor capitalizado da série em uma data futura, no final da série, no regime de juros compostos?

É a soma dos valores capitalizados para essa data de cada componente da série de prestações.

$$VF = R_1 (1+i)^{n-1} + R_2 (1+i)^{n-2} + R_3 (1+i)^{n-3} + \ldots + R_{n-1} (1+i) + R_n$$

3. Qual a relação entre o valor atual e o valor futuro de uma mesma série, a juros compostos, usando-se a mesma taxa de juros?

Demonstra-se que o valor atual (VA) e o valor futuro (VF) da série de prestações à taxa i, n sendo o prazo total é:

$$VA = \frac{VF}{(1+i)^n}$$

Observa-se que o valor atual da série é o valor atualizado do valor futuro, pela taxa i, a n períodos.

4. O que são esquemas de prestações equivalentes no regime de juros compostos?

São séries de prestações diferentes, em prazos diferenciados que possuem o mesmo valor atual, sendo considerada uma mesma taxa de juros compostos para desconto.

5. Qual a propriedade fundamental dos esquemas financeiros equivalentes, no regime de juros compostos?

Demonstra-se que, no regime de juros compostos, valendo a mesma taxa de juros, duas séries de prestações que têm o mesmo valor atual em uma determinada data, também terão valores atuais equivalentes em qualquer outra data considerada (ou valores futuros equivalentes em qualquer data futura).

6. Para que serve o conceito e as aplicações dos esquemas equivalentes, em juros compostos?

Uma das aplicações mais úteis da equivalência de esquemas financeiros é a definição de operações financeiras mais compactas e curtas (ou longas) que substituam uma determinada série de prestações. A equivalência de séries de prestações permite a negociação para identificação e substituição de esquemas mais convenientes para as partes interessadas. Por exemplo, talvez para um consumidor com orçamento mais apertado, será preferível combinar uma série de pagamentos em 10 meses financeiramente equivalente a outro esquema de pagamento de três prestações.

7. Qual o valor atual de uma série de n pagamentos constantes R, cada prestação vencendo no final de cada período (série postecipada), a juros compostos?

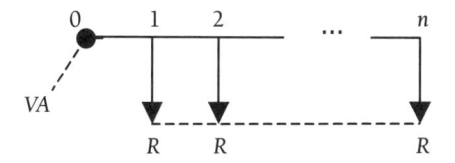

(série postecipada de pagamentos)
i = taxa de juros compostos

A fórmula do valor atual (VA) é:

$$VA = R \times \frac{(1+i)^n - 1}{(1+i)^n \cdot i}$$

8. Qual o valor atual de uma série de *n* pagamentos constantes *R*, cada prestação incidente no início de cada período (série antecipada), a juros compostos?

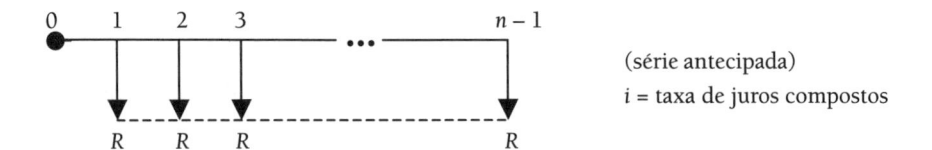

(série antecipada)
i = taxa de juros compostos

A fórmula do valor atual (*VA*) é:

$$VA = R \times \frac{(1 + i)^n - 1}{(1 + i)^{n-1} \cdot i}$$

9. Qual o valor futuro (na data final) de uma série de *n* pagamentos constantes *R*, cada prestação vencendo no início de cada período, a juros compostos?

A fórmula do valor futuro (*VF*) é:

$$VF = R (1 + i) \cdot \frac{(1 + i)^n - 1}{i}$$

10. Qual o valor atual de uma série de pagamento constante *R*, postecipados e em regime perene (série perpétua ou perpetuidade)?

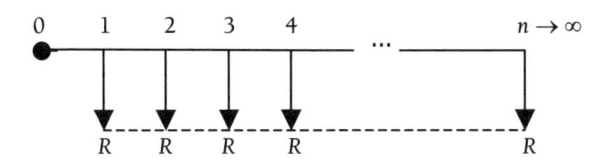

A fórmula do valor atual para a taxa de juros *i* é:

$$VA = \frac{R}{i}$$

11. Qual o valor atual de uma perpetuidade de prestação R antecipada?

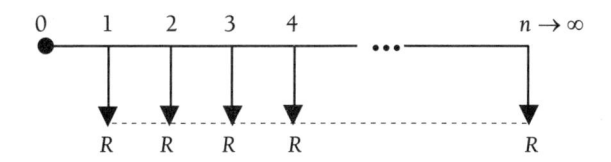

A fórmula do valor atual para a taxa de juros i, é:

$$PV = \frac{R}{i} + R = R\left(\frac{1+i}{i}\right)$$

12. Como calcular os valores atuais dessas diversas séries de pagamentos sem a utilização das fórmulas indicadas?

A solução dos cálculos dos valores atuais dessas séries pode ser encontrada em tabelas financeiras e principalmente nas calculadoras eletrônicas financeiras com destaque na HP-12C. No capítulo subsequente são mostradas as soluções dessas fórmulas através de exemplos e usos da HP-12C.

13. Qual a fórmula do valor atual de uma série de prestações crescentes em progressão geométrica, em regime perene (Fórmula de Gordon)?

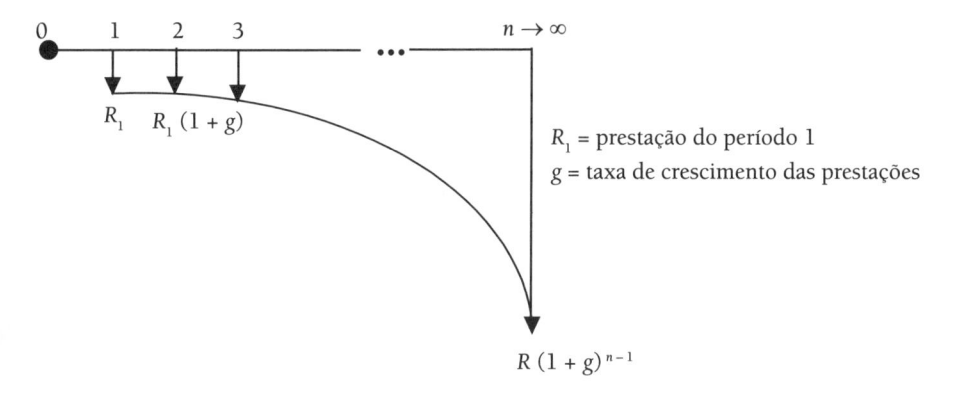

R_1 = prestação do período 1
g = taxa de crescimento das prestações

A fórmula do valor atual da série, sendo a taxa de juros composta i, é:

$$VA = \frac{R_1}{i - g}$$

14. Qual a fórmula do valor atual de uma série de pagamentos crescentes em progressão geométrica, de número finito de termos (n), na taxa de juros composta i?

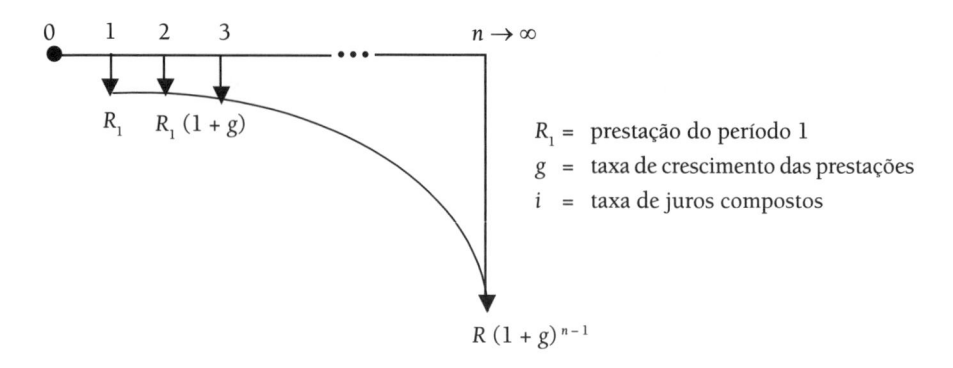

R_1 = prestação do período 1
g = taxa de crescimento das prestações
i = taxa de juros compostos

A fórmula do valor atual é:

$$VA = \frac{R_1}{1+i} \cdot \frac{\left(\dfrac{1+g}{1+i}\right)^n - 1}{\left(\dfrac{1+g}{1+i}\right) - 1}$$

15. Qual o valor atual de uma série perpétua de pagamentos constantes, considerando um período de carência inicial de n períodos?

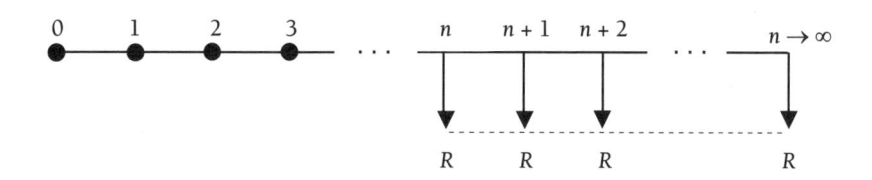

O valor atual dessa série de pagamentos, à taxa de juros compostos i, é:

$$VA = \frac{R}{i} \times \frac{1}{(1+i)^{n-1}}$$

16. Qual o valor atual de uma série de entradas de caixa que cresce à taxa geométrica constante por um período determinado, findo o qual se estabiliza numa série perpétua?

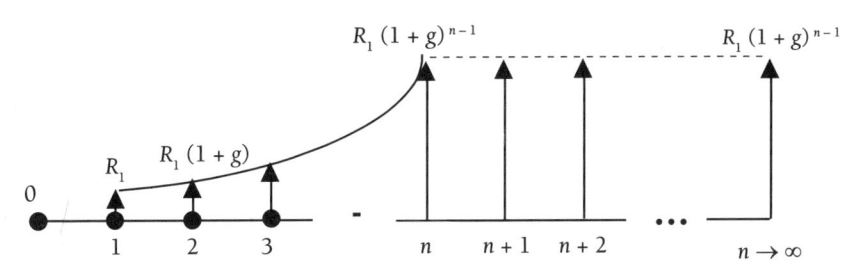

R_1 = *cash flow* incial

g = taxa de crescimento da entrada de caixa até a data n

$$VA = \frac{R_1}{1+i} \cdot \frac{\left(\dfrac{1+g}{1+i}\right)^n - 1}{\left(\dfrac{1+g}{1+i}\right) - 1} + \frac{R_1 (1+g)^{n-1}}{i (1+i)^n}$$

17. Qual o valor atual de 10 prestações anuais de $1.000, sendo a primeira no final do 1º ano, à taxa de juros de 10% ao ano?

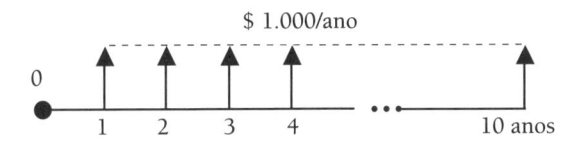

$$VA = 1.000 \times \frac{(1,10^{10} - 1)}{0,10 \times 1,10^{10}} = \$ 6.144,57$$

18. Qual o valor atual da perpetuidade de prestações igual a $ 1.000, à taxa de juros de 10% ao ano?

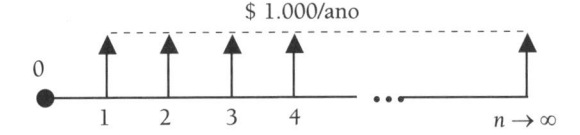

$$VA = \frac{1.000}{0,10} = \$10.00$$

19. Qual o valor do fundo de pensão que será gerado ao final de 30 anos, acumulado à taxa de juros de 1% ao mês formado por prestações mensais de $ 100?

Após 360 prestações mensais de $ 100 o valor acumulado no fundo

é $VF = \$ 100 \times \dfrac{(1,01)^{360} - 1}{0,01} = \$ 349.496$

20. Qual o valor da prestação mensal que deveria ser investido num fundo de pensão para acumular $ 1.000.000 ao final de 20 anos (240 meses), à taxa de juros de 1,5% ao ano?

O valor da prestação, $PMT = 1.000.000 \times \dfrac{0,015}{(1,015)^{240} - 1} = \$ 433,12$

II- Simbologia e fórmulas básicas do regime de juros compostos

Simbologia

$P = VA$ = principal inicial (*present value*, valor atual)
$S = VF$ = montante final (*future value*, valor futuro)
$R = PMT$ = prestações periódicas
i = taxa de juros compostos do período básico de capitalização
n = número de períodos básicos no prazo da operação
g = taxa de crescimento periódica de uma variável

Fórmulas básicas

$$VA = \frac{R_1}{1+i} + \frac{R_2}{(1+i)^2} + \frac{R_3}{(1+i)^3} + \frac{R_4}{(1+i)^4} + R + \frac{R_n}{(1+i)^n}$$

Valor atual de uma série de pagamentos diferentes:

Valor atual de uma série de n pagamentos de valor constante R postecipados (aos finais dos períodos):

$$P = R \cdot \frac{(1+i)^n - 1}{i(1+i)^n}$$

Valor atual de uma série de n pagamentos de valor constante R antecipados (nos inícios dos períodos):

$$P = R \cdot \frac{(1+i)^n - 1}{i(1+i)^{n-1}}$$

Valor atual de uma série perpétua de valor constante de valor R:

$$P = \frac{R}{i}$$

Valor atual de uma série perpétua de valor constante R, sendo a primeira correspondente à data n:

$$P = \frac{R}{i(1+i)^{n-1}}$$

Valor atual de uma série perpétua de valores crescentes, sendo R_1 o primeiro da série, e à taxa de crescimento g por período:

$$P = \frac{R_1}{i - g}$$

Valor atual de uma série definida de n termos, crescentes em progressão geométrica, com taxa de crescimento g e R_1 sendo o primeiro valor da série:

$$P = \frac{R_1}{1+i} \cdot \left[\frac{\left(\frac{1+g}{1+i}\right)^n - 1}{\left(\frac{1+g}{1+i}\right) - 1} \right]$$

Valor atual de uma série crescente geometricamente (taxa g de crescimento) até o período n, a partir do qual se toma uma série perpétua de valores periódicos constantes, sendo R_1 o primeiro termo da série:

$$P = \frac{R_1}{1+i} \cdot \left[\frac{\left(\frac{1+g}{1+i}\right)^n - 1}{\left(\frac{1+g}{1+i}\right) - 1} \right] + \frac{R_1 \cdot (1+g)^{n-1}}{i(1+i)^n}$$

Valor futuro de uma série de valores diferentes:

$$S = R_n + R_{n-1} \cdot (1 + i) + R_{n-2} \cdot (1 + i)^2 + \dots + R_2 \cdot (1 + i)^{n-2} + R_1 \cdot (1 + i)^{n-1}$$

Valor futuro de uma série postecipada de n pagamentos constantes R:

$$S = R \cdot \frac{(1+i)^n - 1}{i}$$

Valor da prestação periódica constante que, colocada periodicamente n períodos em um fundo de investimento (de taxa i), faz o fundo ter um montante final S:

$$R = S \cdot \frac{i}{(1+i)^n - 1}$$

III- Aplicações em destaque

1) Um empréstimo de R\$ 50.000 é concedido para ser reembolsado em 24 prestações mensais iguais, postecipadas (pagáveis cada uma no final de cada período mensal) sendo a taxa de juros composta de 2% ao mês. Qual o valor de cada prestação?

Resolução

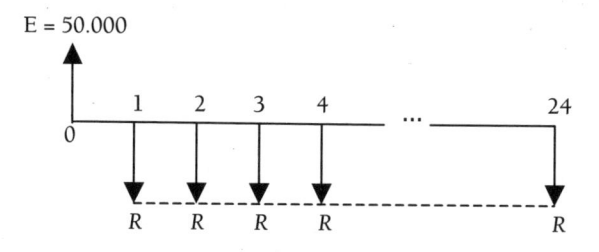

A fórmula da prestação:

$$P = R \cdot \frac{i(1+i)^n}{(1+i)^n - 1} = \frac{i(1+i)^n}{(1+i)^n - 1} =$$

$R = 50.000 . 0,052871 = R\$ 2.643,55/mês$

2) No caso do exercício 1, se as prestações fossem iguais, mas antecipadas no início de cada mês (a primeira de entrada), qual seria o valor da prestação?

Resolução

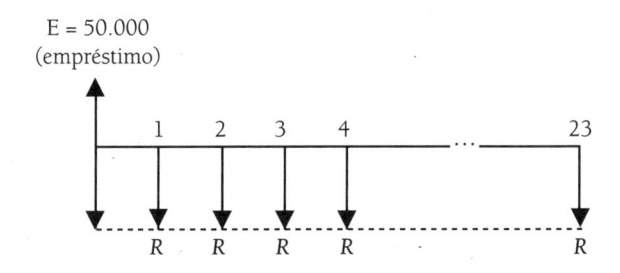

A fórmula da prestação:

$$R = P \cdot \frac{(1+i)^{n-1} \cdot i}{(1+i)^n - 1} = 50.000 \cdot \frac{1,02^{24} \cdot 0,02}{1,02^{25} - 1} = 50.000 \cdot \frac{0,032169}{0,640606} = R\$ 2.510,83$$

3) Qual o valor atual de uma série de 15 prestações iguais mensais, postecipadas, no valor de R\$ 3.500 cada, sendo a taxa de juros compostos de 2,5% ao mês?

Resolução

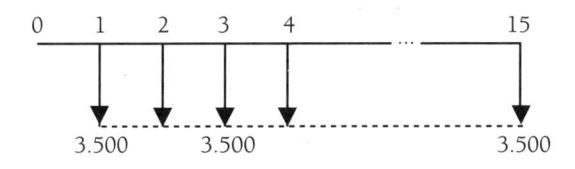

$$VA_0 = P = R \cdot \frac{(1+i)^n - 1}{i(1+i)^n} = 3.500 \times \frac{1,02^{15} - 1}{0,025 . 1,025^{15}} = R\$ 43.334,82$$

4) Qual o valor atual de uma série perpétua de prestações anuais iguais no valor de R$ 100.000 cada, sendo a taxa de juros compostos de 15% a.a. (prestações postecipadas)?

Resolução

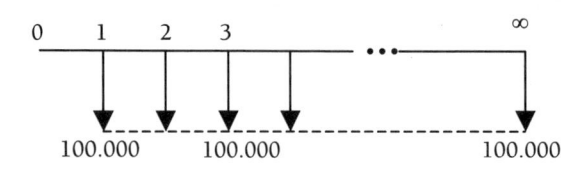

$$P = \frac{R}{i} = \frac{100.000}{0,15} = R\$\ 666.666,67$$

5) Qual o valor atual de uma série de cinco prestações constantes anuais no valor de R$ 1.000 cada uma, sendo a taxa de juros compostos de 20% a.a., a primeira dessas prestações vencendo na data 3 do final do ano 3 (carência de três anos)?

Resolução

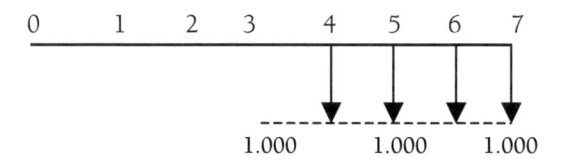

Fazendo diretamente a equivalência

$$VA = \frac{1.000}{1,20^3} + \frac{1.000}{1,20^4} + \frac{1.000}{1,20^5} + \frac{1.000}{1,20^6} + \frac{1.000}{1,20^7}$$

$$P = R\$\ 578,70 + R\$\ 482,25 + R\$\ 401,88 + R\$\ 334,90 + R\$\ 279,08$$

$$P = R\$\ 2.076,81$$

6) Qual o valor atual de uma série de quatro prestações, a primeira de R$ 3.000,00 vencível a três anos da data atual, a segunda de R$ 5.000 vencível a cinco anos da data atual e a terceira e quarta prestações iguais a R$ 7.500 vencíveis aos finais dos anos 8 e 9, respectivamente, com taxa de juros compostos de 15% a.a.?

Resolução

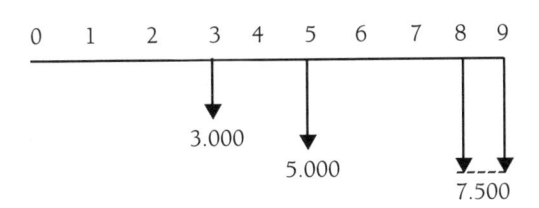

Diretamente pela equação dos descontos de cada parcela:

$$VA = \frac{3.000}{1,15^3} + \frac{5.000}{1,15^5} + \frac{7.500}{1,15^8} + \frac{7.500}{1,15^9}$$

$$P = R\$ \ 1.972,55 + R\$ \ 2.485,88 + R\$ \ 2.451,76 + R\$ \ 2.131,97$$
$$P = \ R\$ \ 9.042,16$$

7) Qual o valor atual de uma série de prestações anuais perpétuas, de valor igual a R\$10.000 por mês, sendo que a primeira prestação só é vencível no 30º mês, contando da data atual, e a taxa de juros compostos é de 3% ao mês?

Resolução

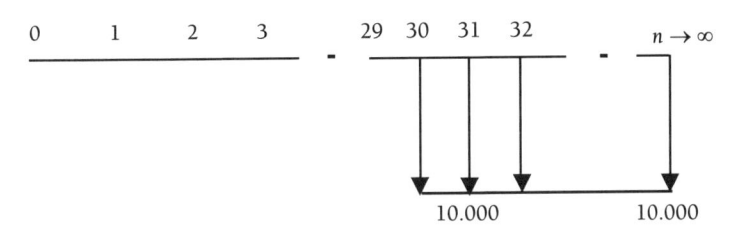

Na data 29, a perpetuidade de R\$ 10.000/mês, descontada à taxa de 3% a.m., vale:

$$\frac{10.000}{0,03} = R\$ \ 333.333,33$$

Na data 0, a quantia atualizada de R\$ 333.333,33, desde a data 29, vale:

$$\frac{R\$ \ 333.333,33}{(1,03)^{29}} = \frac{R\$ \ 333.333,33}{2,356566} = R\$ \ 141.448,79$$

8) Qual o valor atual de uma série de valores crescentes e perpétuos cujos termos estão em progressão geométrica de razão igual a 10% ao ano, com o primeiro pagamento ao final do ano 1 igual a R$ 1.800.000 e a partir daí valores crescentes à taxa de 20% a.a., sendo a taxa de juros compostos utilizada para atualização de 13% a.a.?

Resolução

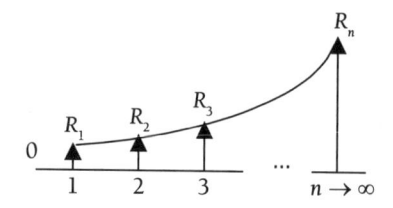

Essa série de valores crescentes em progressão geométrica infinita, de razão igual a g = 10% a.m., descontada à taxa de juros compostos de 20%, terá valor atual igual a:

$$P_0 = \frac{R_1}{k-g} = \frac{1.800.000}{20\% - 10\%} = \frac{1.800.000}{0,20 - 0,10} = \frac{1.800.000}{0,10}$$

P_0 = R$ 18.000.000

9) Qual o valor atual de uma série de seis pagamentos anuais sucessivos, que crescem à taxa de juros compostos de 5% a.a., o primeiro deles no valor de R$ 50.000 vencível ao final do 1º ano, sendo a atualização realizada pela taxa composta de 15% a.a.?

Resolução

Os pagamentos são:
R_1 = 50.000
R_2 = 52.500 = 50.000 . 1,05
R_3 = 55.125 = 52.500 . 1,05
R_4 = 57.881,25 = 55.125 . 1,05
R_5 = 60.775,31 = 57.881,25 . 1,05
R_6 = 63.814,08 = 60.775,31 . 1,05

O valor atual desses pagamentos trazidos a valor presente, à taxa de 15% a.m., é:

$$P = \frac{50.000}{1,15} + \frac{52.500}{1,15^2} + \frac{55.125}{1,15^3} + \frac{57.881,25}{1,15^4} + \frac{60.775,31}{1,15^5} + \frac{63.814,08}{1,15^6} = R\$\ 210.319,84$$

10) Qual o valor atual de uma empresa cuja previsão de resultados em termos de fluxo de caixa líquido (receitas menos custos e despesas e impostos desembolsáveis) é a seguinte, e a taxa de juros compostos do custo de capital da empresa de 14%?

Período	Fluxo de caixa projetado (R$ 1.000)
Ano 1	50.000
Ano 2 ao 8	Crescimento anual à taxa composta de 10% a.a.
Ano 9 até seguintes (perenidade)	Valor do *cash flow* do ano 8 constante anualmente

Resolução

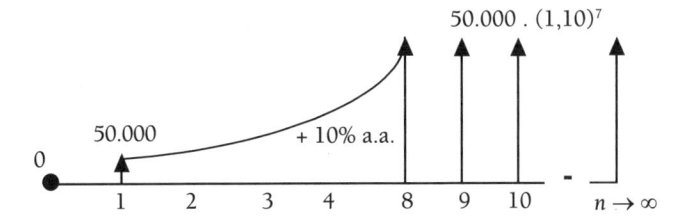

Sendo i = 14% a.a., pela fórmula do valor atual desse fluxo tem-se:

$$P_0 = \frac{CF_1}{1+i} \cdot \frac{\left(\dfrac{1+g}{1+i}\right)^n - 1}{\left(\dfrac{1+g}{1+i}\right) - 1} + \frac{CF_1\,(1+g)^{n-1}}{i\,(1+i)^n}$$

$$P_0 = \frac{50.000}{1,14} \cdot \frac{\left(\dfrac{1,10}{1,14}\right)^8 - 1}{\left(\dfrac{1,10}{1,14}\right) - 1} + \frac{50.000\,(1,10)^7}{0,14 \cdot 1,10^8}$$

$$P_0 = 43.859,65 \cdot \frac{-0,248546}{-0,035088} + \frac{97.435,86}{0,300102}$$

$$P_0 = 43.859,65 \cdot 7,083504 + 324.435,86$$

$$P_0 = 310.680,01 + 324.435,86$$

$$P_0 = R\$\ 635.115,87$$

11) Deseja-se substituir a seguinte série de pagamento por uma outra equivalente, de pagamentos anuais constantes, ao longo de sete anos, a primeira no fim do 1° ano, valendo a taxa de juros compostos de 15% a.a. para a referida equivalência. Pede-se determinar o valor dessa prestação constante.

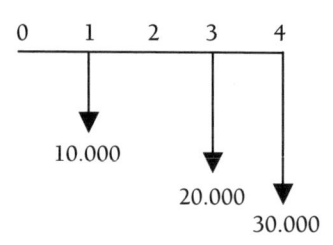

Resolução

O valor atual, na data 0 do conjunto de prestações dado, é:

$$P_0 = \frac{10.000}{1,15} + \frac{20.000}{1,15^3} + \frac{30.000}{1,15^4} = R\$\ 38.998,57$$

O novo conjunto de sete prestações iguais anuais R deverá ser equivalente, tendo o mesmo valor atual P_0 na data 0 igual a R\$ 38.998,57.

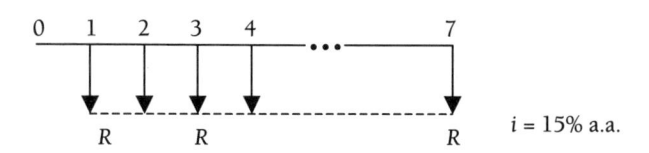

$$P_0 = R \cdot \frac{(1+i)^n - 1}{i(1+i)^n}$$

$$P_0 = P_0 \cdot \frac{i(1+i)^n}{(1+i)^n - 1} = 38.998,57 \cdot \frac{0,15 \cdot 1,15^7}{1,15^7 - 1}$$

$R = 38.998,57 \cdot 0,240360$

$R = R\$\ 9.373,71/ano$

12) Com referência ao fluxo de pagamentos do exercício 11, determinar o fluxo de dois pagamentos iguais que seja equivalente ao fluxo do exercício 11, o 1° pagamento na data 3 e o 2° na data 11 (final do 11° ano), sendo o valor do 2° o dobro do valor do 1° pagamento. Calcular os valores desses dois pagamentos.

Resolução

O fluxo de dois pagamentos, de R' (3º ano) e 2R' (11º ano), deve ter valor atual, na data 0, de R$ 38.998,57 para ser equivalente ao esquema financeiro inicial.

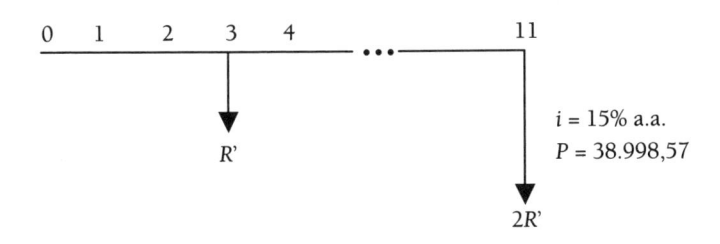

Então,

$$38.998,57 = \frac{R'}{1,15^3} + \frac{2R'}{1,15^{11}}$$

$$38.998,57 = 0,657516 \cdot R' + 0,429986\ R'$$

$$38,998,57 = 1,087402\ R'$$

$$R' = \frac{38.998,57}{1,087402} = R\$\ 35.863,97$$

$$2R' = R\$\ 71.727,94$$

13) Calcular, por tentativa, a taxa de juros compostos que torna o fluxo de pagamento A equivalente ao fluxo de pagamento B.

Fluxo A

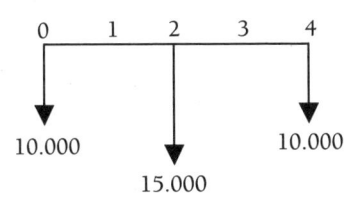

Fluxo B

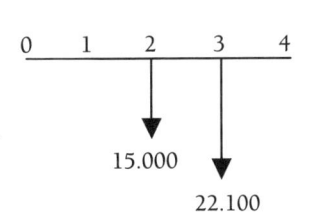

Resolução

A equação de equivalência dos dois valores atuais dos dois fluxos é:

$$10.000 + \frac{15.000}{(1+i)^2} + \frac{10.000}{(1+i)^4} = \frac{15.000}{(1+i)^2} + \frac{22.100}{(1+i)^3}$$

ou

$$10.000 + \frac{10.000}{(1+i)^4} = \frac{22.100}{(1+i)^3}$$

ou

$$1 + \frac{1}{(1+i)^4} = \frac{2,21}{(1+i)^3}$$

Fazendo:

$$F_1 = \frac{1}{(1+i)^4}$$

$$F2 = \frac{2,21}{(1+i)^3}$$

Tentativas realizadas

i	F_1	F_2
5%	1,8227	1,9091
7%	1,7629	1,8040
8%	1,7350	1,7544
9%	1,7084	1,7065
8,9%	1,7110	1,7112

A solução está entre 8% e 9% bem próxima a 9%. Uma excelente aproximação pode ser $i = 8,9\%$, conforme a última linha do quadro, quase igualando F_1 e F_2 para esse nível de taxa i.

14) Calcular o valor do montante final que seria gerado durante 25 anos, em um fundo de investimento que rende 10% ao ano cumulativamente.

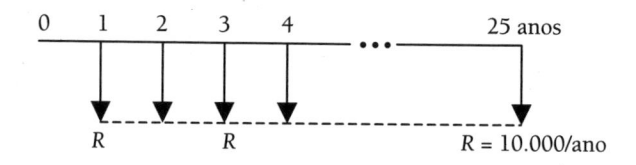

Resolução

O valor do montante

$$S = R \cdot \frac{(1+i)^n - 1}{i}$$

$$S = 10.000 \cdot \frac{1,10^{25} - 1}{0,10} = \$\ 983.470,59$$

15) No caso da taxa de rendimento do fundo de investimento do exercício 14 ser de 15% a.a., qual o novo valor do montante final, no fim de 25 anos?

Resolução

$$S = R \cdot \frac{(1+i)^n - 1}{i}$$

$$S = 10.000 \cdot \frac{1,15^{25} - 1}{0,15} = \$\ 2.127.930,18$$

16) No caso de a taxa de rendimento do fundo do exercício 14 ser de 20% a.a., qual o novo valor do montante no final de 30 anos de aplicação?

Resolução

$$S = R \cdot \frac{(1+i)^n - 1}{i}$$

$$S = 10.000 \cdot \frac{1,20^{30} - 1}{0,20} = \$\ 11.818.815,69$$

17) Um aplicador investe US\$ 500 por mês, durante 20 anos, para constituir um fundo de aposentadoria, sendo 1% ao mês composta a taxa de rendimento obtida. Pede-se calcular a quantia final que terá esse fundo?

Resolução

$$S = R \cdot \frac{(1+i)^n - 1}{i}$$

$$S = 500 \cdot \frac{1,01^{240} - 1}{0,01} = US\$\ 494.627,68$$

18) No exercício 17, qual seria o valor da quantia final, se a taxa de rendimento passasse a 1,5% ao mês composta?

Resolução

$$S = 500 \cdot \frac{1,015^{240} - 1}{0,015} = US\$ \ 1.154.427,19$$

19) Qual a prestação mensal que é necessária para ser aplicada num fundo de capitalização que rende 0,8% ao mês composta, durante 30 anos, para que o montante final do fundo atinja US\$ 1.000.000?

Resolução

R = prestação do fundo; S = montante final do fundo

$$R = S \cdot \frac{i}{(1+i)^n - 1} = 1.000.000 \cdot \frac{0,08}{1,08^{360} - 1} = US\$ \ 481,60/\text{mês}.$$

20) No caso do exercício 19 anterior, qual deveria ser a quantia mensal a ser depositada no fundo, caso a taxa de capitalização mensal fosse de 0,5% composta?

Resolução

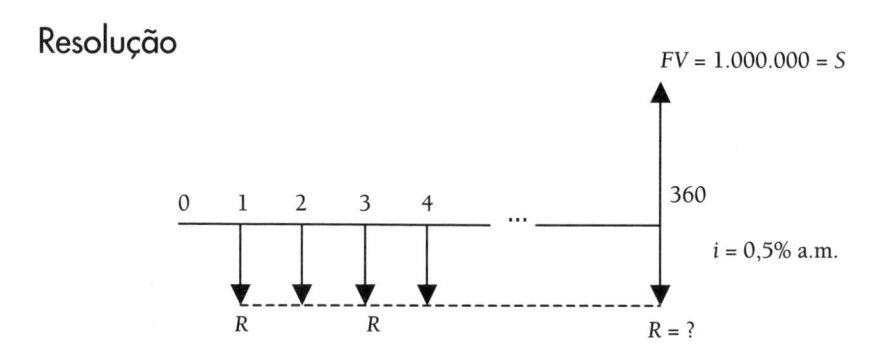

Equação de resolução

$$S = R \cdot \frac{(1+i)^n - 1}{i}$$

$$R = S \cdot \frac{i}{(1+i)^n - 1} = 1.000.000 \cdot \frac{0,05}{1,005^{360} - 1} = US\$ \ 995,51/\text{mês}$$

Pela HP-12C:

Digite	Visor
1.000.000	FV
360	n
0,5	i
PMT	995,51

A RESOLVER

21) Um empréstimo de R$ 5.000.000 é concedido para ser devolvido em quatro anos, através de prestações trimestrais iguais postecipadas, sendo a taxa trimestral de juros compostos cobrada equivalente a 15% ao ano. Qual o valor da prestação trimestral para reembolso desse empréstimo?

Resolução

R$ 415.158,50

22) Uma empresa recebe emprestado R$ 500.000, para serem reembolsados em 36 prestações mensais iguais e sucessivas, a partir de decorridos dois anos da data inicial de recebimento. Se a taxa de juros cobrada pelo banco foi de 12,50% a.a. (taxa mensal da operação sendo equivalente a essa taxa anual), qual o valor da prestação?

Resposta

R$ 20.764,19

23) Qual o valor atual da seguinte série de pagamentos mensais a realizar, sendo a taxa de juros compostos de 3% ao mês?

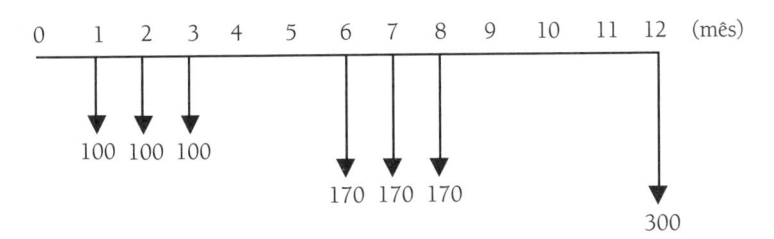

Resposta

$ 914,38

24) Qual o valor da primeira prestação de uma série de pagamentos anuais perpétuos com crescimento anual de seus valores à taxa geométrica de 3% a.a., sendo a taxa de juros compostos usada para desconto de 13% a.a. para que o valor atual da série seja R$ 10.000.000?

Resposta

R$ 1.000.000

25) Qual a melhor forma para comprar um bem financiado, tendo o dinheiro a possibilidade de render 1,5% ao mês composto?

1ª) à vista por R$ 4.500
2ª) em quatro prestações mensais iguais de R$ 1.200, a primeira à vista
3ª) em 10 prestações mensais iguais de R$ 468, a primeira vencível 1 mês após a compra

Resposta

A 3ª opção com gasto total atualizado de R$ 316, o menor das três.

26) Ao final de 10 anos, qual o fundo de investimento que terá maior montante final?

Fundo A: formado pela aplicação inicial de R$ 3.800.000, à taxa de juros compostos de 18% ao ano.

Fundo B: constituído de prestações semestrais postecipadas de R$ 325.000, aplicado à taxa semestral de 25% a.a. equivalente.

Resposta

O Fundo B com montante de R$ 22.881.004,89, superior ao fundo A com R$ 19.888.575,11.

27) Um empréstimo de R$ 50.000 pode ser reembolsado através de três prestações anuais sucessivas crescentes, sendo a 2ª o dobro da 1ª e a 3ª o dobro da 2ª. A primeira

prestação vence no final do 1º ano e a taxa de juros composta cobrada é de 12% a.a. Quais são os valores das três prestações?

Resposta

1ª) R$ 9.373,19
2ª) R$ 18.746,37
3ª) R$ 37.492,74

28) Recalcular o valor da empresa do exercício 10, para um custo de capital (taxa de juros compostos do desconto do fluxo de caixa) de 12% a.a., sendo o fluxo de caixa do primeiro ano projetado para R$ 120.000, as demais condições permanecendo as mesmas.

Resposta

R$ 1.592.499,50

29) Qual o valor da prestação mensal que deve ser aplicada em um fundo, que rende taxa composta de 0,6% ao mês, de modo que, após o final de 25 anos, se possa receber uma renda fixa mensal de R$ 5.000/mês ao longo dos 20 anos seguintes? E se o período da renda fixa fosse 10 anos em vez de 20 anos?

Resposta

1ª pergunta: R$ 759,44/mês
2ª pergunta: R$ 510,44/mês

30) Recalcular o valor da renda fixa do exercício 29 anterior, para que se possa receber R$ 5.000/mês indefinidamente.

Resposta

R$ 996,57/mês

Sobre aplicações financeiras calculadas pela HP-12C

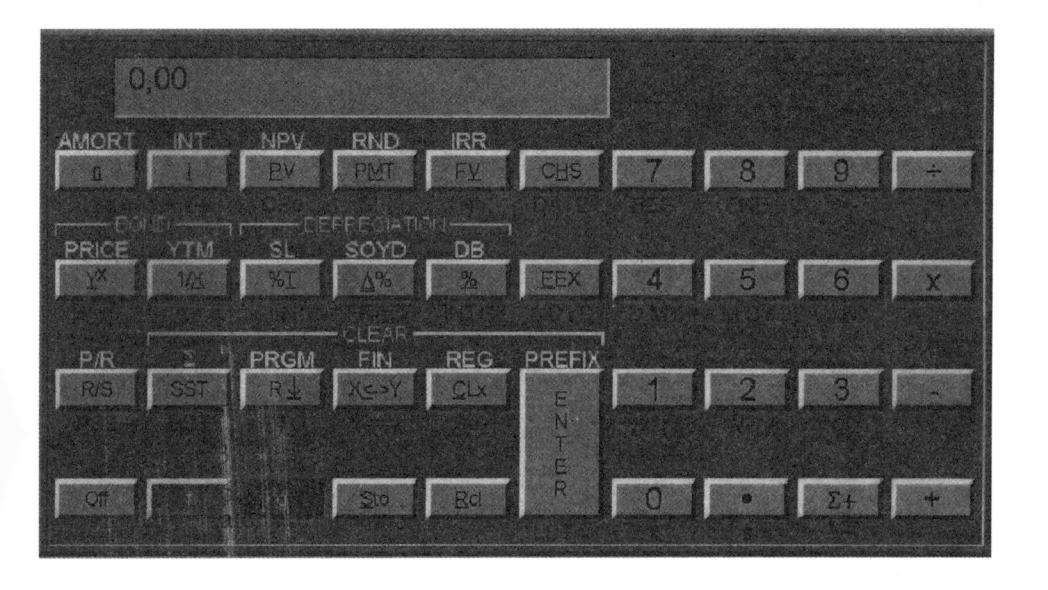

Para limpar a memória da calculadora: Teclar  e

1. Soma — exemplo: 453 + 231 = 684

Digite	Visor
453	
ENTER	453
231	
+	684

2. Subtração — exemplo: 350 − 255 = 95

Digite	Visor
350	
ENTER	350
255	
-	95

3. Multiplicação — exemplo: 54 x 136 = 7.344

Digite	Visor
54	
ENTER	54
136	
X	7.344

4. Divisão — exemplo: 356 ÷ 13 = 27,385

Digite	Visor
356	
ENTER	356
13	
÷	27,385

5. Calcular: 20^3

Digite	Visor
20	
ENTER	20
3	
Y^X	8.000

6. Calcular: $135^{1/4} = \sqrt[4]{135}$

Digite	Visor
135	
ENTER	135
4	
$1/X$	
Y^X	3,4087

Aplicações em fluxos de caixa simples (itens 7 a 9).

7. Dado o capital inicial (PV = 1.500), taxa de juros compostos de 10% ao ano, no prazo de *n* = 4 anos, qual o montante final, FV.

Digite	Visor
1.500	
CHS	– 1.500
PV	– 1.500
10	
i	10
4	
n	4
FV	2.196,15

8. Dado o capital inicial (PV = 1.500), número de períodos exatos (quatro anos) e o montante final (FV = 3.300), para saber qual a taxa utilizada de juros *i*.

Digite	Visor
1.500	
CHS	– 1.500
PV	– 1.500
4	
n	4
3300	
FV	3.300
i	21,79%

9. Qual o valor atual de um título de valor final igual a $ 10.000, daqui a seis anos, sendo a taxa de juros compostos de 15% ao ano?

Digite	Visor
10.000	
FV	10.000
6	
n	6
15	
i	15
PV	− 4.323,28

Aplicações em fluxos de caixa de séries de prestações iguais, postecipadas em número finito (itens 10 a 11)

10. Qual o valor atual de uma série de oito prestações anuais postecipadas, no valor de $ 1.000 cada, taxa de juros compostos de 10% ao ano?

Como as anuidades são postecipadas, digite na calculadora a função END.

Digitando as seguintes teclas:  e END.

Digite	Visor
1.000	
PMT	1.000
8	
n	8
10	
i	10
PV	− 669,85

11. Qual o valor futuro (FV) da série de pagamentos do item anterior?

Continuar a utilização da função END (do item 10).

Digite	Visor
1.000	
CHS	
PMT	– 1.000
8	
n	8
10	
i	10
FV	1.2871,78

Aplicações em fluxos de caixa de séries de pagamentos antecipados, em número finito (itens 12 a 13)

12. Qual o valor atual (PV) da série de sete pagamentos constantes antecipados, no valor de $ 2.000 cada, taxa de juros de 15% ao ano?

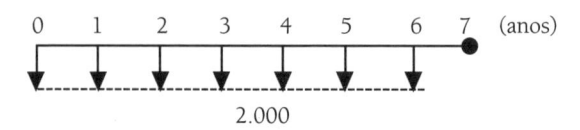

Tecle a função **f** e BEG.

Digite	Visor
2.000	
CHS	
PMT	– 2.000
7	
n	7
15	
i	15
PV	9.568,97

13. Qual o valor futuro (FV) da série de sete pagamentos constantes antecipados, no valor de $ 2.000 cada, taxa de juros de 15% ao ano, após o período total de sete anos?

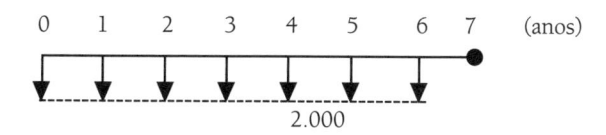

Tecle a função [f] e BEG.

Digite	Visor
2.000	
CHS	
PMT	– 2.000
7	
n	7
15	
i	15
FV	25.453,64

Aplicações no cálculo do valor atual de um fluxo de caixa de valores distintos, e com repetições.

14. Qual o valor presente líquido (valor atual) de uma série de pagamentos seguintes à taxa de juros de 12% ao ano, data 0: 1.000; data 1: 0; data 2: 500; data 3: 1.500 e data 4: 2.000?

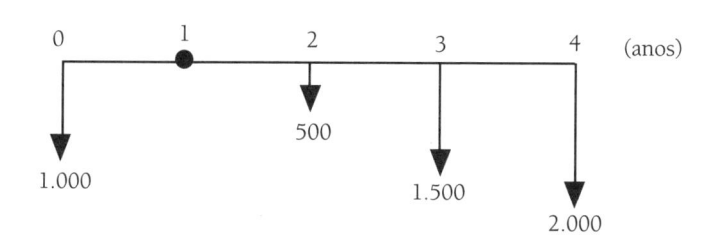

Digite		Visor
1.000	g CF_0	
0	g CF_j	
1.500	g CF_j	
2.000	g CF_j	
12	i	
	f NPV	3.619,35

15. Qual o valor presente líquido (valor atual) da seguinte série de pagamentos, sendo a taxa de juros de 15% ao ano? (data 0: 0; data 1: 500; data 2: 500; data 3: 1.000; data 4: 1.500; data 5: 1.500; data 6: 1.500).

Digite		Visor
0	g CF_0	
500	g CF_j	
2	g CF_j	
1.000	g CF_j	
1.500		
3		
15	i	
	f NPV	3.402,52

16. Qual o valor presente líquido (valor atual) do seguinte fluxo de caixa de um projeto de investimento ($ 3.500 total distribuído em $ 2.000 na data 0 e $ 1.500 na data 1) e entradas líquidas de caixa a partir do ano 2: $ 200/ano nos anos 2, 3 e 4, $ 2.500/ano nos anos 5, 6, 7 e 8? Taxa de juros de 15% ao ano.

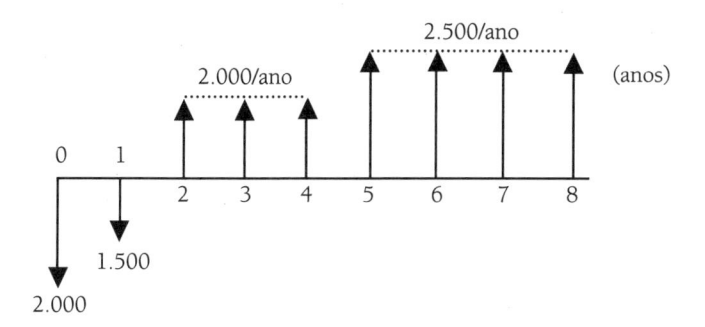

17. Qual o valor atual de uma debênture de prazo a decorrer de oito anos com valor de resgate final de $ 1.000 e que paga anualmente juros de $ 50 (cupom de 5% sobre o valor de resgate $ 1.000), se a taxa de juros composta estiver valendo hoje 16% ao ano?

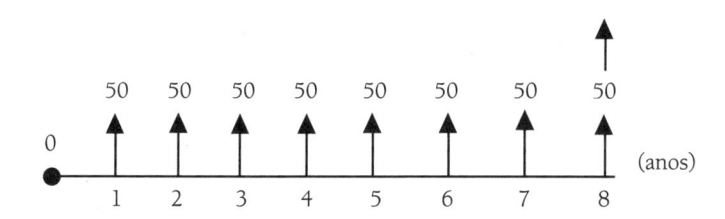

Digite		Visor
0	g CF_0	
50	g CF_j	
7	g N_j	
1.050	g CF_j	
16	i	
4	↑ NPV	− 522,21

Obs.: O valor atual do título seria de $ 522,21 (52,22% do valor de resgate, $ 1.000).

18. Qual seria o valor atual do título da pergunta anterior caso a taxa de juros na data atual fosse menor e igual a 13% ao ano?

Digite		Visor
0	g CF$_0$	
50	g CF$_j$	
7	g N$_j$	
1.050	g CF$_j$	
13	i	
	f NPV	616,10

Obs.: O valor atual do título seria mais alto e igual a $ 616,10 (61,61% do valor de resgate, $ 1.000).

11

Sobre reembolso de empréstimos

Objetivos

Este capítulo tem a finalidade de apresentar os principais pontos conceituais, tipos e exemplos de aplicação dos mais destacados processos de reembolso de empréstimos e financiamentos, abordando os seguintes aspectos:

❏ conceitos de prestação, amortização e juros;
❏ determinação do saldo devedor do empréstimo e da planilha de reembolsos;
❏ conceito e utilização de períodos de carência;
❏ caracterização dos principais sistemas de reembolso por prestações: americano, amortização constante (SAC), francês (prestações constantes) e outros.

I- Questões-chave sobre reembolso de empréstimos

1. O que é processo de reembolso de um empréstimo?

É o sistema que demonstra os pagamentos sucessivos que um mutuário realiza para devolver ao financiador o principal emprestado adicionado dos juros correspondentes aos saldos devedores em cada período.

2. O que é a amortização do empréstimo?

É a parcela do pagamento de cada prestação de reembolso que corresponde à devolução do capital emprestado inicialmente. A soma de todas as amortizações pagas deve corresponder ao principal inicialmente emprestado pela instituição financeira ao mutuário.

3. O que é o saldo devedor de um empréstimo em determinada data?

O saldo devedor de um empréstimo, em determinada data, é a diferença entre o principal inicialmente emprestado e a soma das parcelas de amortização da dívida paga até aquela data. O saldo devedor deverá ser pago no período remanescente desta data até o final do prazo de financiamento.

4. Como se calcula o juro de um empréstimo, no final de determinado período de seu prazo de reembolso?

O juro correspondente a determinado período é resultado da multiplicação da taxa de juro referida ao período pelo saldo devedor que existia no início do período, isto é, no final do período anterior.

5. Por que os juros são decrescentes em um sistema de reembolso de empréstimos com amortizações incidentes em cada período de reembolso?

Sendo os saldos devedores decrescentes aos finais de cada período, uma vez que se realizam pagamentos de amortização, os juros terão que ser decrescentes pela incidência da taxa de juros fixa sobre saldos devedores decrescentes.

6. Como são calculados os saldos devedores sucessivamente?

O saldo devedor do empréstimo, ao final de cada período, é o saldo devedor do final do período anterior subtraído da amortização paga ao final do atual período.

7. Quais as parcelas que compõem cada prestação de reembolso de um empréstimo?

As parcelas componentes das prestações são a amortização e os juros.

$$\boxed{\text{Prestação} = \text{Amortização} + \text{Juros}}$$

8. O que é o período de reembolso total do empréstimo?

É o período que dura desde a data inicial de concessão do empréstimo até a data final de sua última prestação estabelecida no contrato.

9. O que é o período de carência de um empréstimo?

É o período inicial estabelecido no contrato de empréstimo, que dura desde a data inicial de concessão de empréstimo até a data de pagamento da primeira amortização do empréstimo. Em geral deve ser escolhido como prazo de carência um período inicial compatível com a construção e implantação do empreendimento para o qual se solicitou o empréstimo, de modo que os resultados gerados pela operação do negócio sejam destinados ao pagamento das amortizações do empréstimo.

10. Os juros podem incidir no período de carência?

Sim, de acordo com a negociação entre mutuários e instituições financeiras. Havendo pagamento dos juros no período de carência, os saldos devedores do empréstimo ficam constantes, iguais ao valor do empréstimo inicial.

11. O que acontece com os juros do período de carência quando eles não são pagos nessa época?

Dependendo do acerto entre mutuário e instituição financeira mutuante, os juros correspondentes aos períodos de carência podem não ser pagos nessa época. Eles são então capitalizados aos saldos devedores respectivos, para serem pagos no período de amortização do empréstimo mais os juros acumulados no período de carência. Os juros são capitalizados aos saldos devedores do empréstimo no período de carência.

12. O que é o período de amortização de um empréstimo?

É o período entre a primeira amortização e a última amortização do empréstimo. O período de amortização adicionado ao período de carência define o período total de reembolso de um empréstimo.

13. Qual o valor que um mutuário deve pagar para quitar de uma só vez seu débito relativo a um empréstimo contratado antes de terminar o prazo de reembolso?

O mutuário que desejar liquidar toda sua dívida referente a um empréstimo contratado, antes do final do prazo de reembolso, através de uma única prestação, deverá desembolsar quantia equivalente ao saldo devedor do empréstimo nessa data escolhida para o único pagamento.

14. Qual o valor do saldo devedor do empréstimo numa data anterior ao final do prazo de reembolso?

O valor do saldo devedor de uma dívida, na data atual, é equivalente ao valor atual, nessa data, das prestações vincendas (que vão vencer) até a data final do período de reembolso, descontando-se pela taxa de juros do plano. Esse valor também deve ser igual à diferença entre o valor inicial do empréstimo e as amortizações anteriormente pagas inclusive aquela correspondente à presente data, já tendo sido também pagos todos os juros até a presente data.

15. Quais os sistemas de reembolso de empréstimos mais utilizados para períodos de médio e longo prazos?

São os sistemas americanos ou de amortização final, o francês ou de prestações constantes e o SAC ou de amortizações constantes.

16. Quais as principais características do sistema americano ou de amortização final de um financiamento?

Ao longo de todo o período de reembolso, periodicamente, somente são pagos os juros de cada período que são constantes (taxa de juros incidente sobre o valor do empréstimo). Na data final também é paga a última parcela do juro. O saldo devedor, em qualquer data do período de reembolso após o pagamento dos juros dessa data, é sempre igual ao valor do empréstimo inicialmente concedido.

17. Qual a vantagem para o mutuário da escolha do sistema de reembolso americano ou de amortização final?

A grande vantagem é de pagar, periodicamente, apenas os juros do empréstimo, e, consequentemente, gerar no período de reembolso saldos de caixa mais expressivos para reforçar o capital de giro da empresa e as aplicações financeiras possíveis com esses saldos.

18. Qual a desvantagem para o mutuário da escolha do sistema de reembolso americano ou de amortização final?

A grande desvantagem é a necessidade de pagar de uma só vez, na data final, o total do empréstimo. Trata-se de uma concentração enorme de uma exigibilidade financeira em uma só data, necessitando de uma grande disponibilidade de caixa. Para fazer frente a esse compromisso, o mutuário deve ter folga no fluxo de caixa decorrente de várias atividades geradoras de caixa ou formar reservas, ao longo dos períodos do prazo de reembolso do empréstimo a que se refere, para ter ao final do período recursos para amortizar todo o empréstimo.

19. Quais as principais características do sistema francês de reembolso ou de prestações constantes?

O sistema francês tem as prestações periódicas iguais. Consequentemente, em cada período, a soma da amortização e do juro formadores da prestação é constante. Tendo em vista que o pagamento progressivo das parcelas de amortização do empréstimo vai diminuindo o saldo devedor, os juros de cada período vão também declinando. Demonstra-se, por outro lado, que, por esse processo, as amortizações crescem segundo uma progressão geométrica, cuja razão é a soma da unidade com a taxa de juros expressa em termos centesimais.

20. Indique uma vantagem do sistema de reembolso de prestação constante?

É sua previsibilidade, tendo em conta que o valor da prestação a ser paga é uma constante já conhecida desde o início do plano de reembolso.

21. Como se calcula o valor da prestação constante do sistema francês de reembolso de empréstimo?

Conhecido o empréstimo (PV), a taxa de juros (i) e o número de períodos do prazo de reembolso (n), aplicando-se a calculadora HP-12C, após a digitação dos valores correspondentes a essas três variáveis, fica imediatamente calculado o valor da prestação constante (PMT).

22. Quais as principais características do SAC de reembolso, tendo as amortizações constantes?

O sistema SAC tem amortização periódica constante, calculada pela divisão do valor do empréstimo pelo número de subperíodos que compõe o período total de amortização do empréstimo. Em consequência, os saldos devedores periódicos decrescem em ritmo de progressão aritmética, cuja razão é o valor da amortização constante. Além disso, os juros também decrescem em progressão aritmética, de razão igual ao resultado da multiplicação da taxa de juros do sistema pela amortização constante.

23. Qual o valor da primeira prestação do SAC de amortizações constantes?

A primeira prestação de reembolso de um empréstimo pelo SAC é a maior delas. Seu valor é igual à soma da amortização periódica constante com o juro calculado pela taxa de juros incidente sobre o valor total do empréstimo.

24. Qual o valor da última prestação do SAC de amortizações constantes?

A última prestação de um reembolso de um empréstimo pelo SAC é a menor delas. Seu valor é calculado pela soma da amortização periódica constante com o juro incidente sobre o valor do penúltimo saldo devedor que se equivale à própria amortização periódica.

25. Como se estrutura a planilha de cálculo do sistema de reembolso de um empréstimo, qualquer que seja o seu tipo (citado ou não)?

Apresenta-se a seguir o modelo de planilha para o cálculo de todos os valores relevantes: empréstimo, saldo devedor, amortização, juros e prestação periódica.

1	2	3	4	5	6 = 4 + 5
Data	Empréstimo concedido	Saldo devedor	Amortização	Juros	Prestação
0			-	-	-
1					
Etc.					
$n-1$					
n					

Observações:

❑ A coluna 1 apresenta as datas referentes aos períodos contratuais na data 0 até a concessão inicial do empréstimo.

❑ Na data 0 inicial, em geral, não há pagamentos de prestações (nem amortizações, nem juros).

❑ A coluna 2 registra, na data 0, o valor do empréstimo concedido.

❑ A coluna 3 registra, na data 0, o valor do saldo devedor igual ao do empréstimo inicial; nas datas seguintes os saldos devedores serão calculados pelo abatimento sucessivo das amortizações definidas e colocadas na coluna 4.

❏ Os juros periódicos, registrados na coluna 5, serão calculados pela multiplicação da taxa de juros do sistema pelos valores do saldos devedores existentes ao final de cada período anterior.

❏ Em cada data, a soma da amortização com os juros deverá ser igual ao valor da prestação correspondente.

❏ No penúltimo período $(n-1)$, o saldo devedor do empréstimo deverá ser igual ao valor da última amortização a ser registrada na coluna 4.

❏ No último período (n), o saldo devedor final deve zerar; a última amortização da coluna 4 deve ser igual ao penúltimo saldo devedor do empréstimo registrado na coluna 3.

26. Apresentar, através da planilha-padrão, o cálculo de reembolso de um empréstimo de $ 1.000 na data 0, a ser pago através de quatro amortizações variáveis de $ 400, $ 300, $ 200 e $ 100 aos finais dos períodos 1, 2, 3 e 4, respectivamente, sendo a taxa de juros de 10% ao período.

(em $)

1	2	3	4	5	6 = 4 + 5
Data	Empréstimo	Saldo devedor	Amortização	Juros	Prestação
0	1.000	1.000	-	-	-
1	-	600	400	100	500
2	-	300	300	60	360
3	-	100	200	30	230
4	-	0	100	10	110
	TOTAL		1.000	200	1.200

Observações:

❏ Foram dados os valores das quatro amortizações; ficam determinados também os saldos devedores da coluna 3.

❏ Os juros foram calculados com 10% sobre os saldos devedores da coluna 3, com defasagem de um período. Por exemplo, na data 3, os juros de $ 30 foi 10% sobre $ 300, saldo devedor da data 2.

❏ As prestações foram calculadas somando os valores da coluna 4 com os da coluna 5.

27. Por que é importante, nas planilhas de cálculo de reembolso de empréstimos, o conhecimento dos valores das amortizações e dos juros separadamente?

Para o estudo e o planejamento orçamentário feitos pelo setor financeiro é essencial o conhecimento do valor dos juros do empréstimo, pois eles serão computados com despesas financeiras dedutíveis para efeito de cálculo do lucro da empresa e do imposto de renda. A identificação das amortizações é relevante para verificação de sua possibilidade de pagamento a partir dos fluxos de caixa futuros disponíveis. Quem pagará as amortizações são os resultados (fluxos de caixa) futuros disponibilizados após deduzidos outros compromissos já assumidos.

28. Quando a empresa deve tomar um financiamento bancário para cobrir parte dos investimentos de um projeto?

Primeiramente esse financiamento deve ser cogitado quando a taxa de juros cobrada pela instituição financeira for inferior à taxa de rentabilidade correspondente ao investimento do projeto. Em segundo lugar, quando o prazo a ser negociado e definido para reembolso do empréstimo for compatível com as projeções dos fluxos de caixa disponíveis gerados pelo projeto. Em outras palavras, quando o prazo fixado para reembolso permitir que as amortizações do empréstimo mais os juros correspondentes fiquem contidos dentro das projeções periódicas das disponibilidades geradas pelos resultados do projeto implantado, já deduzidos os demais compromissos assumidos com os dividendos dos acionistas e gratificações dos empregados.

II- Simbologia e fórmulas básicas

Simbologia

E = valor do empréstimo líquido concedido na data atual (data 0). Também caracterizado como principal P emprestado ao mutuário pelo mutuante

E_b = empréstimo bruto

$E = E_b$ – despesas com juros, taxas e impostos cobrados antecipadamente

i = taxa de juros compostos

n = período total de reembolso do empréstimo

SD_k = saldo devedor ao final do período k

A_k = amortização referente ao período k

J_k = juros relativos ao período k

R_k = prestação do período

Fórmulas básicas

Prestação: $R_k = A_k + J_k$

Soma das amortizações: $E = A_1 + A_2 + \ldots + A_n = \sum_{k=1}^{n} A_k$

Saldo devedor do último período: $SD_n = 0$

Saldo devedor do penúltimo período: $SD_{n-1} = A_n$ (amortização do último período)

$J_k = i \cdot SD_{k-1}$	Juros do período k
$SD_k = SD_{k-1} - A_k$	Saldo devedor do período k
$SD_k = \dfrac{R_{k+1}}{1+i} + \dfrac{R_{k+2}}{(1+i)^2} + \ldots + \dfrac{R_n}{(1+i)^{(n-k)}}$	Saldo devedor do período k

No sistema americano de reembolso:

$A_k = 0 \ (k \neq n)$

$A_n = E$

$J_k = i \cdot E$

$SD_k = E \ (k \neq n)$

$SD_n = 0$

No SAC (sistema de amortização constante):

$A_k = \dfrac{E}{n} = A$

$J_k = i \cdot SD_{k-1}$

$SD_k = SD_{k-1} - A$

$SD_{k-1} = A$

No sistema francês (prestação constante postecipada):

$R_k = R = \text{constante} = A_k + J_k$

$R_k = E \cdot \dfrac{E.(1+i)^n \cdot i}{(1+i)^n - 1}$

$A_{k+1} = A_k \cdot (1+i)$

Empréstimos de curto prazo, com resgate em apenas uma prestação:

E_b = empréstimo bruto = S = valor a resgatar final

E_L = empréstimo líquido

$E_L = E_b$ – despesas antecipadas (juros, impostos, taxas, comissões)

Taxa de juros efetiva da operação no período total: $i = \dfrac{S - E}{E}$ (em termos centesimais)

III- Aplicações em destaque

1) Um empréstimo de 60 dias é concedido por um banco que cobra juros (por fora) de 3% ao mês mais IOF, comissões, despesas no montante de 2% do valor do empréstimo. Sendo emprestado R$ 100.000, pede-se:

a) o valor do empréstimo líquido recebido pelo mutuário

Resolução

$E_L = E - D = 100.000 -$ despesas
$E_L = 100.000 -$ (juros + outras despesas)
$E_L = 100.000 - (2 . 3\% . 100.000 + 2\% . 100.000)$
$E_L = 100.000 - 6.000 - 2.000$
$E_L = $ R$ 92.000

b) o valor do resgate final que o mutuário deve fazer ao banco

Resolução

É o valor do empréstimo bruto de R$ 100.000

c) a taxa de juros efetiva cobrada pelo banco

Resolução

Fluxo do mutuário

$S = $ R$ 100.000
$P = $ R$ 92.000

$$i = \text{taxa efetiva} = \frac{S-P}{P} = \frac{100.000 - 92.000}{92.000} = \frac{8.000}{92.000} = 8,6957\% \text{ em 60 dias}$$

Essa taxa corresponde a 4,3478% ao mês, no regime de juros simples, e a 4,2572% ao mês no regime de juros compostos.

2) Um empréstimo de R$ 500.000 é concedido hoje para ser reembolsado pelo sistema americano de amortização única final, à taxa de juros de 10% ao ano, no período de quatro anos. Pede-se apresentar o quadro completo de reembolso desse empréstimo.

Resolução

Sistema americano de reembolso
(em R$ 1.000)

Data	Empréstimo	Saldo devedor (2)	Amortização (1)	Juros (3)	Prestações
0	500	500	-	-	-
1	-	500	0	50	50
2	-	500	0	50	50
3	-	500	0	50	50
4	-	0	500	50	550

Explicações

(1) Amortizações são nulas, exceto a última que é do valor do empréstimo bruto.

(2) Os saldos devedores permanecem de valor igual ao empréstimo até o último período, quando se anula pelo pagamento da amortização igual ao valor do empréstimo bruto.

(3) Os valores dos juros periódicos são iguais pela estabilização do saldo devedor igual ao empréstimo ao longo de todo o período de reembolso.

3) Um empréstimo de R$ 500.000 é concedido na data 0 para ser reembolsado na data 0, em cinco anos, através do Sistema de Amortização Constante (SAC) com taxa de juros de 10% a.a., prestações anuais, a primeira no final do primeiro ano. Elaborar a planilha de reembolso desse empréstimo.

Resolução

(em R$)

Data	Empréstimo	Saldo Devedor*	Amortização**	Juros***	Prestações
0	500.000	500.000	-	-	-
1	-	400.000	100.000	50.000	150.000
2	-	300.000	100.000	40.000	140.000
3	-	200.000	100.000	30.000	130.000
4	-	100.000	100.000	20.000	120.000
5	-	0	100.000	10.000	110.000

* Saldo devedor de cada ano = saldo anterior menos a amortização anual.

** Amortização anual: $\dfrac{500.000}{5} = 100.000$.

*** Juros de cada período = 10% sobre o saldo devedor do período anterior.

4) Um empréstimo de R$ 100.000 é fornecido na data 0 para ser reembolsado pelo sistema francês, taxa de juros de 10% a.a., em quatro anos, quatro prestações anuais, a primeira no final do primeiro ano. Elaborar a planilha de reembolso desse empréstimo.

Resolução

O cálculo da prestação anual do sistema francês é obtido desenvolvido pela fórmula:

$$R = P \cdot \frac{i(1+i)^n}{(1+i)^n - 1} = 100.000 \cdot \frac{0,10 \cdot 1,10^4}{1,10^4 - 1}$$

R = R$ 31.547,08/ano

(em R$)

Data	Empréstimo	Saldo devedor	Amortização	Juros	Prestações
0	100.000	100.000,00	-	-	-
1	-	78.452,92	21.547,08	10.000,00	31.547,08
2	-	54.751,13	23.701,79	7.845,29	31.547,08
3	-	28.679,16	26.071,97	5.475,11	31.547,08
4	-	0	28.679,16	2.867,92	31.547,08

Observações:

❏ Preenche-se a coluna das prestações com o valor calculado de R$ 31.547,08 por ano.

❏ O valor dos juros do primeiro ano é calculado, na base de 10% do saldo devedor inicial de R$ 100.000, ou seja, R$ 10.000.

❏ O valor da amortização do primeiro ano é determinado pela subtração dos juros de R$10.000 do valor da prestação de R$ 31.547,08, resultando R$ 21.547,08.

❏ O saldo devedor final do ano 1 é resultante da subtração da amortização do primeiro ano de R$ 21.547,08 do saldo devedor inicial de R$ 100.000, o que perfaz R$ 78.452,92

❏ Prossegue-se esse processo, calculando os juros do ano 2, em seguida a amortização e o saldo devedor do ano 2.

❏ Os valores dos anos subsequentes seguem a mesma rotina.

5) Elaborar a planilha de reembolso do empréstimo de R$ 400.000, sendo a taxa de juros cobrada de 12% ao ano. Calcular o valor das três prestações indicadas no fluxo:

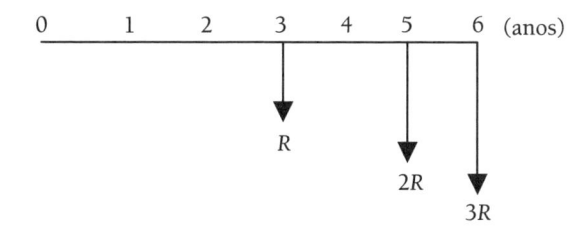

Resolução

Para cálculo das prestações, a equação de equivalência é:

$$P = 400.000 = \frac{R}{1,12^3} + \frac{R}{1,12^5} + \frac{R}{1,12^6} = 400.000 = 0,711780R + 1,134854R + 1,519893R$$

$$= 400.000 = 3,366527R$$

$$R = \frac{400.000}{3,366527} = R\$ \ 118.816,81 \ (\text{na data 3})$$

Nas datas 5 e 6, os pagamentos são R$ 237.633,62 e R$ 356.450,43

(em R$)

Data	Empréstimo	Saldo devedor	Amortização	Juros	Prestações
0	400.000	400.000,00	-	-	-
1	-	448.000,00	(48.000,00)	48.000,00	-
2	-	501.760,00	(53.760,00)	53.760,00	-
3	-	443.154,39	58.605,61	60.211,20	118.816,81
4	-	496.333,36	(53.178,53)	53.178,53	-
5	-	318.259,74	178.073,62	59.560,00	237.633,62
6	-	0	318.259,74	38.190,69	356.450,43

A RESOLVER

6) Elaborar o quadro de reembolso de um empréstimo de R$ 5.000.000 pelo sistema americano, em um período de seis anos, taxa de juros de 8% a.a., pagamentos anuais de juros.

Resposta

Pagamento de juros anuais de R$ 400.000 do ano 1 ao ano 6, tendo a prestação final, no ano 6 incluindo a amortização única de R$ 5.000.000.

7) Elaborar o quadro de reembolso de um empréstimo de R$ 800.000 a ser pago no prazo de sete anos, sendo três anos de carência, com cinco amortizações constantes do final do terceiro ano ao final do sétimo ano, não tendo pagamento de juros na carência (os juros de carência são capitalizados aos saldos devedores). Taxas de juros de 10% ao ano.

Resposta

Amortizações anuais, do ano 3 ao ano 7, no valor constante de R$ 193.600.

8) Elaborar o quadro de reembolso do empréstimo de R$ 255.356, pelo processo francês, com oito prestações anuais constantes, taxa de juros de 10% ao ano, primeira prestação no final do primeiro ano.

Resposta:

A prestação anual é de R$ 37.488,80.

12

Sobre juros nominais, inflação e juros reais

Objetivos

Este capítulo visa apresentar os conceitos e relações que vinculam os juros nominais, a inflação e os juros reais, abordando especificamente:

- ❑ o conceito de taxa nominal de juros;
- ❑ as medidas da inflação;
- ❑ o conceito e cálculo dos juros reais, absolutos e relativos, conforme a taxa de inflação incorrida;
- ❑ as fórmulas de relacionamento entre as taxas de juros nominal, real e a taxa de inflação selecionada;
- ❑ o cálculo de taxas reais de aplicações financeiras simples e com prestações.

I- Questões-chave sobre juros nominais, inflação e juros reais

1. O que é taxa de juros nominal?

É a taxa de juros para calcular remunerações de capital aplicado ou emprestado, medidas em termos da moeda corrente no país.

2. O que são juros nominais?

São os juros calculados com base na taxa nominal definida para a operação financeira. Os juros nominais são expressos tendo como unidade a moeda corrente na economia.

3. O juro nominal representa efetivamente o ganho do aplicador ou emprestador já descontando-se os efeitos provocados pela inflação no desgaste do valor da moeda?

Não, simplesmente o juro nominal reflete o valor acertado para remuneração do capital, na moeda corrente, sem qualquer mensuração dos reflexos da inflação no poder aquisitivo dessa moeda.

4. O que é o juro real de uma aplicação financeira?

O juro real é o ganho efetivamente obtido pelo aplicador, partindo do juro nominal da operação, descontando o valor do desgaste que a inflação provoca no capital aplicado, em termos de poder aquisitivo.

5. Qual o juro real obtido em um ano, sobre a aplicação de capital de $ 1.000 feita à taxa nominal de 20%, tendo havido no período uma inflação de 6%?

O ganho nominal da aplicação foi de 20% sobre $ 1.000, ou seja, $ 200. O desgaste inflacionário provocado sobre o capital de $ 1.000 com a taxa de inflação a 6% é de $ 60, que não deve ser considerado ganho real e, portanto, deve ser deduzido do ganho nominal de $ 200. Consequentemente o juro real obtido será de $ 140 ($ 200 – $ 60). Em face do poder aquisitivo da moeda, um ano após a aplicação, o capital inicialmente aplicado deve ser corrigido para $ 1.000 mais o desgaste inflacionário de $ 60, ou seja, $ 1.060. Resgatando $ 1.200 e desconsiderando $ 60 como ganho real ($ 60 se destinarão a corrigir monetariamente o capital de $ 1.000), o juro efetivamente real será de $ 140.

6. Qual a fórmula da taxa de juro real em função da taxa de juro nominal e a taxa de inflação no período?

Sendo t_n a taxa de juro nominal (centesimalmente), t_r a taxa de juro real, e t_i a taxa de inflação, existe a relação:

$$t_r = \frac{t_n - t_i}{1 + t_i}$$

7. Qual a taxa de juros real (t_r) correspondente a uma aplicação anual de taxa nominal (t_n) de 20% com taxa de inflação (t_i) no período de 6%?

Aplicando-se a fórmula de relacionamento entre essas três taxas, verifica-se que a taxa real da aplicação é:

$$t_r = \frac{t_n - t_i}{1 + t_i} = \frac{0,20 - 0,06}{1 + 0,06} = \frac{0,14}{1,06} = 0,132 = 13,2\%$$

8. Por que a taxa real de juros não é exatamente a diferença entre a taxa nominal e a taxa de inflação?

Pela fórmula de relacionamento entre as três taxas, conforme resposta à pergunta 6, a taxa real é calculada pela divisão da diferença entre a taxa nominal e a taxa de inflação pelo multiplicador inflacionário (soma da unidade com a taxa de inflação). Somente para a taxa de inflação zero no período haveria a igualdade entre a taxa real e a diferença entre a taxa nominal e a taxa de inflação. Para níveis muito baixos de inflação, a taxa real de juros tende a valores perto da diferença entre a taxa nominal e a taxa real.

9. Exemplifique como a taxa real de juros é bem diferente da diferença entre as taxas nominais e a taxa de inflação em um nível de alta inflação?

Sendo a taxa nominal de aplicação de 40% e a taxa de inflação de 25%, a taxa real de juros calculada pela fórmula da pergunta 7 será igual a 12% bem diferente dos 15% de diferença entre as duas taxas.

10. Quando a taxa real de aplicação se torna negativa, representando perda real na aplicação financeira?

A taxa real se torna negativa quando a taxa nominal da aplicação fica inferior à taxa de inflação do período da aplicação.

11. Podem ser apuradas diferentes taxas reais a partir de uma só taxa nominal de aplicação?

Sim. Dependendo da escolha do índice de preços para referência e medida da inflação podem ser calculadas diferentes taxas reais para a mesma taxa nominal do período. Um índice de preços ao consumidor, escolhido para medir a inflação, pode ter comportamento diferente do índice de preços no atacado no mesmo período da aplicação. Índices de preços ao consumidor também podem ser diferenciados, dependendo de amostras diferentes de produtos constituintes do índice, conforme o nível de renda da população atingida e pesquisada em cada cesta de produtos dos índices de preços. Quanto maior a taxa de inflação refletida pelo índice de preços escolhido, menor será a taxa real da aplicação, tomando-se como base a mesma taxa nominal da operação.

12. Como é calculada a taxa de juros real (t_r) correspondente a uma aplicação de capital que tem vários recebimentos e datas diferentes?

Todas as entradas e saídas de caixa referentes a essa aplicação devem estar transformadas para valores de poder aquisitivo da moeda de uma mesma data selecionada. Essa data escolhida pode ser a inicial ou a final da aplicação e a medição do poder aquisitivo de todos os valores, para essa data, deve ser realizada através de um índice de preços escolhido para deflacionar ou inflacionar a série de valores de entradas e saídas de caixa do esquema financeiro tratado. O deflacionamento leva todos os valores para a data inicial e o inflacionamento para a data final. No primeiro caso há o uso de deflatores para cada valor, resultantes da divisão do índice de preço da data inicial pelo índice da data de cada valor de entrada e saída. No segundo caso, utilizam-se inflatores para cada valor, resultantes da divisão do índice de preço da data final pelo índice da data de cada valor de entrada ou saída.

Inicialmente, a taxa de juros real será calculada com referência ao fluxo de caixa real, ou seja, o fluxo de caixa da aplicação com todos os seus valores, entradas e saídas medidas em termos de moeda de mesmo poder aquisitivo da data escolhida.

13. Como se realiza uma aplicação indexada à inflação, com uma taxa de juros real de referência?

Calcula-se o fluxo de caixa da aplicação financeira conforme as características da operação, com valores calculados no nível atual de preços, com a taxa de juros reais de referência. Com o decorrer do tempo, as aplicações futuras e os recebimentos futuros indexados ao comportamento de um índice de preços ou indicador inflacionário escolhido (IGP, INPC, IGPM, IPC, IPCA etc.) serão calculados em moeda corrente, em cada época, pela multiplicação do valor correspondente do fluxo de caixa inicial pelo multiplicador. Este deve refletir a variação do nível de preços entre a data inicial e cada data futura de entrada ou saída de caixa estabelecida no fluxo de caixa básico da operação.

II- Simbologia e fórmulas básicas

Simbologia

P = valor do principal inicial aplicado
S = valor do montante final obtido
i_n = taxa nominal de juros, expressa em termos de moeda corrente em curso
R = valor da prestação
t = taxa de inflação ocorrida num período
IP_0 = índice de preços (no varejo ou no atacado) escolhido, referente ao período final de resgate ou de incidência de uma prestação
i_r = taxa de juros real (taxa nominal descontada dos efeitos da inflação)

Fórmulas básicas

$S = P (1 + in)^n$, em regime de juros compostos
$S = P (1 + n . i_n)$, em regime de juros simples

$$P = R . \frac{(1+i_n)^n - 1}{i_n . (1+i_n)^n}$$

$$S = R . \frac{(1+i_n)^n - 1}{i_n}$$

Taxa de inflação t (entre datas 0 e 1)

$$t = \left(\frac{IP_1}{IP_0} - 1 \right)$$

Relação entre taxa de juros nominal (i_n), taxa de inflação (t) e taxa de juros real (i_r) entre datas de aplicação e resgate:

$$i_r = \frac{i_n - t}{1 + t}$$

ou

$(1 + i_n) = (1 + t) (1 + i_r)$

Juro nominal e juro real:

$J_r = J_n - t . p$

Capital inicial corrigido pela inflação do período:

$$P_{corrig} = P \cdot (1 + t)$$

Taxa de retorno real de um *cash flow* (i_r):

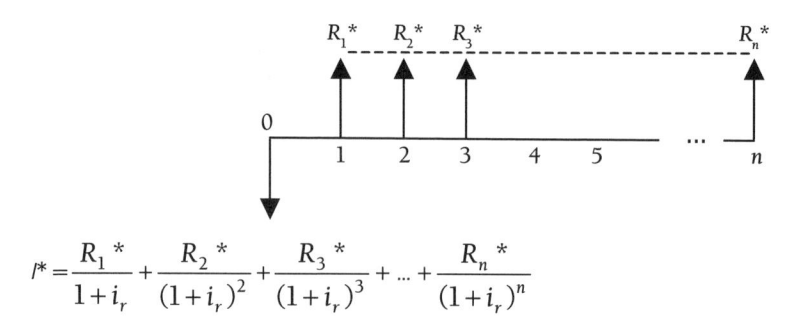

$$I^* = \frac{R_1{}^*}{1+i_r} + \frac{R_2{}^*}{(1+i_r)^2} + \frac{R_3{}^*}{(1+i_r)^3} + \dots + \frac{R_n{}^*}{(1+i_r)^n}$$

Onde $I^*, R_1{}^*, R_2{}^*, R_3{}^*, \dots, R_n{}^*$ são as variáveis do fluxo de caixa expressas em moeda de poder aquisitivo constante, referente a uma determinada data. Se a data de referência escolhida for a data 0 do investimento I deflacionando a série do *cash flow* pelos índices de preço $IP_0, IP_1, IP_2, \dots, IP_n$, então:

$$I^* = I$$

$$R_1{}^* = R_1 \cdot \frac{IP_0}{IP_1}$$

$$R_2{}^* = R_2 \cdot \frac{IP_0}{IP_2}$$

$$\vdots$$

$$R_n{}^* = R_n \cdot \frac{IP_0}{IP_n}$$

III- Aplicações em destaque

1) Um capital de R$ 200.000 é aplicado à taxa de juros nominal anual de 18%. Caso no ano de aplicação tenha ocorrido uma inflação de 9%, pede-se:

a) o montante do resgate
b) os juros nominais rendidos
c) a correção monetária correspondentes ao desgaste inflacionário do capital aplicado

d) os juros reais ganhos

e) a taxa de juros reais da aplicação

Resolução

a) Montante: $S = P(1 + in) = 200.000 \cdot (1 + 0,18) = 200.000 \cdot 1,18 = R\$ 236.000$

b) Juros nominais da operação: $J = S - P - 236.000 - 200.000 =$ R\$ 36.000 = 0,18 . 200.000

c) Desgaste inflacionário do capital inicial: $t.P = 0,09 \cdot 200.000 = R\$ 18.000$

d) Juros reais = juros nominais − desgaste inflacionário do capital = R\$ 36.000 − R\$ 18.000 = R\$ 18.000

e) Taxa de juros reais

$$= \frac{Juro\ real}{Capital\ corrigido} = \frac{18.000}{200.000 + 9.000} = \frac{18.000}{209.000} = 0,0861 = 8,61\%\ a.a.$$

Obs.: A taxa de juros real (8,61% a.a.) é sempre menor que a diferença simples entre a taxa nominal e a taxa de inflação (18% − 9% = 9% a.a.).

2) Qual a taxa real que corresponde a aplicação à taxa nominal de 20% com inflação de 6% a.a.?

Resolução

$$i_r = \frac{i_n - t}{1 + t}$$

$$i_r = \frac{0,20 - 0,06}{1 + 0,06} = \frac{0,14}{1,06} = 0,1321 = 13,21\%$$

3) Qual a taxa de inflação que faz corresponder uma taxa nominal de 22% ao ano a uma taxa real de 7% a.a.?

Resolução

Tomando-se a fórmula básica

$$i_r = \frac{i_n - t}{1 + t}$$

$$0,07 = \frac{0,20 - t}{1 + t}$$

$0,07 + 0,07t = 0,22 - t$

$1,07t = 0,22 - 0,07$

$1,07t = 0,15$

$t = 0,15/1,07 = 0,1402$

Taxa de inflação: $t = 14,02\%$ a.a.

4) Qual a taxa nominal de uma aplicação que obteve uma taxa real de juros de 10% num período em que a inflação alcançou 6,5%?

Resolução

Tomando-se a fórmula básica

$1 + i_n = (1 + i_r)(1 + t)$

$1 + i_n = (1 + 0,10) \cdot (1 + 0,065)$

$1 + i_n = 1,1715$

$i_n = 0,1715 = 17,15\%$

5) Qual a melhor aplicação:

A) Aplicar \$ 1.000 à taxa nominal de 17% em determinado período anual

B) Aplicar \$ 1.000 à taxa real de 6% ao ano

Resolução

É claro que a melhor aplicação será a que alcançar o maior montante após um ano; mas esse alvo depende da taxa de inflação t que ocorrer nesse período de aplicação.

Os montantes das duas aplicações serão:

de A: $S_A = 1000 \cdot 1,17 = \$ 1.170$

de B: $S_B = 1.000 \cdot (1 + t) \cdot (1 + i_n) = 1.000 \cdot (1 + t) \cdot 1,06 = 1.060 \cdot (1 + t)$

Para que a aplicação A, à taxa fixa, seja melhor, seu montante deve ser superior ao montante da aplicação B.

$$SA > SB$$
$$1.179 > 1.060 \, (1 + t)$$
$$ou$$
$$1 + t < 1.170/1.060$$
$$1 + t < 1,1038$$
$$t < 0,1038$$
$$t < 10,38\%$$

Se a taxa de inflação for inferior a 10,38%, melhor terá sido a aplicação A; caso contrário a B.

6) Qual a taxa real da aplicação simples do seguinte fluxo de caixa do investidor (período de 1 ano)?

Índice de preço ao consumidor, data 0: 235,0
Índice de preço ao consumidor, data 1: 252,6

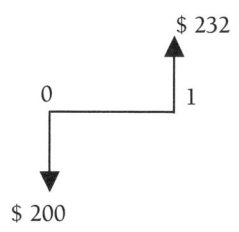

Resolução

Taxa nominal da aplicação: $\dfrac{S}{P} - 1 = \dfrac{232}{200} - 1 = 0,16 = 16\%$

Taxa de inflação no período: $\dfrac{IP_1}{IP_0} - 1 = \dfrac{252,6}{235,0} - 1 = 0,075 = 7,5\%$

Taxa de juros real: $i_r = \dfrac{i_n - t}{1+t} = \dfrac{0,16 - 0,075}{1 + 0,075} = \dfrac{0,085}{1,075} = 0,0791 = 7,91\%$

7) Aplica-se um capital de R\$ 1.500.000 sendo garantida uma remuneração trimestral de 3% real sobre a inflação medida pelo índice IGPM. Se as variações do IGPM forem:

1º trimestre: 2,5%
2º trimestre: 7%
3º trimestre: 5%
4º trimestre: 2%

Pergunta-se:
a) qual o montante final a receber em reais nominais, após um ano?
b) qual a taxa real anual da aplicação?
c) qual a taxa nominal anual obtida?

Resolução

a) Ao final de um ano, após quatro aplicações cumulativas trimestrais, o montante final será:

$S = 1.500.000 \cdot (1 + t_1) \cdot 1,03 \cdot (1 + t_2) \cdot 1,03 \cdot (1 + t_3) \cdot 1,03 \cdot (1 + t_4) \cdot 1,03$

$(1 + t_1)$, $(1 + t_1)$, $(1 + t_1)$, $(1 + t_1)$ são os multplicadores das inflações trimestrais pelo IGPM.

No caso:
$(1 + t_1) = 1,025$
$(1 + t_2) = 1,07$
$(1 + t_3) = 1,05$
$(1 + t_4) = 1,02$

$S = 1.500.000 \cdot (1 + t_1) \cdot (1 + t_2) \cdot (1 + t_3) \cdot (1 + t_4) \cdot 1,03^4$
$S = 1.500.000 \cdot 1,025 \cdot 1,07 \cdot 1,05 \cdot 1,02 \cdot 1,03^4$
$S = R\$ 1.983.066,47$

b) A taxa real é de 3% ao trimestre ou sua equivalente anual
$i_a = (1 + i_{tr})^4 - 1 = 1,034 - 1 = 1,1255 - 1 = 0,1255 = 12,55\%$ a.a.

A taxa nominal anual pode ser encontrada pela relação entre os valores nominais:

$$i_n = \frac{S}{P} - 1 = \frac{1.983.066,47}{1.500.000,00} - 1 = 0,3220 = 32,20\%$$

A RESOLVER

8) Qual a taxa real de uma aplicação cuja taxa nominal foi de 15% a.a., ocorrendo uma inflação de 12% a.a.?

Resposta

2,68% a.a.

9) Qual a taxa de inflação que torna uma taxa nominal anual de 20% a.a., taxa real de 5% a.a.?

Resposta

14,29% a.a.

10) Ocorrendo uma taxa de inflação de 4% no 1º semestre e de 5% no 2º semestre, qual a taxa nominal anual de uma aplicação em que é garantida uma taxa real de 4% ao semestre?

Resposta

18,11% a.a.

11) Um capital é aplicado à taxa real mensal de 0,5% cumulativamente. Pergunta-se, qual o aumento percentual desse capital, nominalmente, após 24 meses de aplicação em que as taxas de inflação foram de 5% nos primeiros 12 meses e de 7% nos 12 meses seguintes?

Resposta

26,64% a.a.

12) Um investidor aplica R$ 950.000 à taxa anual nominal de 23%. Após um ano, tendo ocorrido uma inflação de taxa igual a 9%, qual o valor dos juros reais ganhos? E a taxa de juros real da aplicação?

Resposta

R$ 133.000 e 12,844% a.a.

13) Recalcular a taxa real do exercício 6 anterior, caso os índices de preços fossem
$IPC_0 = 270,50$
$IPC_1 = 327,31$

Resposta

− 4,13%

14) Qual a perda real do investimento em três anos, caso aplique seu capital, sabendo que:

a) no primeiro ano de aplicação: ganho nominal de 5% com inflação de 8%
b) no segundo ano de aplicação, reaplicando o montante obtido anteriormente e ganhando nominalmente 7% com a inflação de 10% no período

c) no terceiro ano, empatando ganho nominal de 12% com inflação de 12%

Qual o ganho nominal nos três anos?

Qual a inflação acumulada nos três anos?

Resposta

Perda real de – 7,12% em três anos
Ganho nominal de 23,59% em três anos
Inflação nos três anos de 33,06%

13

Sobre taxa de retorno

Objetivos

Este capítulo procura definir e ilustrar as aplicações das taxas de retorno simples e compostas, que caracterizam os investimentos e se constituem em bases para decisões sobre a captação de recursos que permitam a viabilidade financeira de sua implantação e remuneração adequada desses investimentos. Cobre os seguintes principais pontos correlacionados:

- ❏ definições de taxas de retorno, simples e composta, ligadas a um investimento;
- ❏ os tipos de taxas de retorno simples;
- ❏ as limitações das taxas de retorno simples;
- ❏ a caracterização e o uso do período de *payback* de um investimento;
- ❏ cálculo da taxa interna de retorno de um fluxo de caixa, em juros compostos;
- ❏ o relacionamento entre lucro líquido e geração de caixa de um investimento.

I- Questões-chave sobre taxas de retorno

1. Para que servem as taxas de retorno na análise de investimentos?

As taxas de retorno servem para caracterizar os níveis de remuneração associados às performances financeiras de um investimento.

2. Existe só uma maneira de se calcular a taxa de retorno de um investimento?

Não. Existem vários modos de cálculo de taxa de retorno ou taxa de rentabilidade de um investimento. Pode ser usada uma taxa ou relação simples, comparando resultado anual com o investimento. Também é utilizado o período de *pay-back* da inversão. E, mais precisamente, são usadas taxas de juros ligadas aos fluxos de caixa do investimento.

3. O que é a taxa de retorno simples de um investimento?

A taxa de retorno simples de um investimento é a relação entre o lucro líquido apurado contabilmente ou projetado pelo orçamento do investimento e o valor desse investimento. Pode ser comparada à produtividade econômica do capital empregado, referida a um período básico, geralmente de um ano.

4. Qual a limitação associada à taxa de retorno simples?

A taxa de retorno simples dá a conhecer apenas uma performance anual, se o período de referência for o ano. Ela não embute em seu cálculo o que vai acontecer na vida futura do investimento. Ela serve, portanto, para a mensuração de desempenho exclusivo no ano a que se refere.

5. Quais as taxas de retorno simples mais utilizadas?

As mais utilizadas são a taxa de retorno sobre o total dos ativos investidos, a taxa de retorno sobre o patrimônio líquido que financia o ativo investido e a taxa de retorno sobre o capital permanente investido.

6. O que é a taxa de retorno sobre o ativo investido?

É a relação entre o resultado ou lucro líquido anual gerado e o ativo total investido. Nos livros de finanças corporativas é conhecida como r.o.a. (*return on assets*). Mede a performance global do total do ativo aplicado como investimento.

7. O que é a taxa de retorno sobre o patrimônio líquido?

É a relação entre o resultado ou lucro líquido anual gerado e o patrimônio líquido ou capital próprio investido dos acionistas. É conhecida como r.o.e. (*return on equity*). Se o patrimônio líquido for menor que o ativo total, o que em geral acontece, a taxa de retorno sobre o patrimônio líquido será sempre maior do que a taxa de retorno sobre o ativo total.

8. O que é a taxa de retorno sobre o capital permanente investido?

É a relação entre o lucro líquido anual e o capital permanente, soma do patrimônio líquido com as exigibilidades de longo prazo que financiam parte dos ativos de um projeto ou empresa. Também é conhecida como r.o.i. (*return on investment*). O conceito de investimento nesse caso é o de ativos aplicados com financiamento de capitais de longo prazo constituído pelos recursos próprios dos acionistas e os endividamentos de longo prazo.

9. Pode-se usar a taxa de retorno definida a partir da geração de caixa anual pelo investimento?

Sim. Muitos analistas de empresas usam como taxa de retorno a relação entre a geração anual de caixa (lucro líquido mais custos e despesas de depreciação e amortização de diferidos) e o valor do investimento.

10. O que significa *payback* de um investimento?

É o período de tempo em que a acumulação temporal dos lucros totaliza o valor do investimento realizado. Se, por exemplo, o investimento de $ 300 gera um lucro líquido de $ 150 por ano, o *payback* se verifica em dois anos.

11. Qual a limitação da aplicação do *payback* para caracterizar devidamente o retorno do investimento?

O período do *payback* não se relaciona com a efetiva vida útil do investimento, durante a qual são gerados lucros, além do período do *payback*. Entretanto, para análises de curto prazo, em que o investidor com aversão ao risco, o *pay-back* serve para indicar projetos com menores prazos desse indicador, os quais serão escolhidos independentemente do fato de que a longo prazo, durante o total do prazo do investimento, pode ser obtida maior taxa de rentabilidade.

12. O que é a taxa interna de retorno ou rentabilidade de um investimento ou aplicação financeira?

Taxa interna de retorno ou rentabilidade é a taxa de juros composta que torna igual a zero o valor atual líquido do fluxo de caixa do investimento. O fluxo de caixa deve ser estruturado devidamente para apresentar como saídas de caixa os investimentos líquidos e como entradas líquidas os resultados das receitas, subtraídos os desembolsos de custos, despesas, pagamentos e impostos, nas adequadas datas de pagamentos e recebimentos.

13. A taxa interna de retorno é valor único em um fluxo de caixa de investimento?

Nos fluxos de caixa convencionais a resposta é afirmativa. Nesses fluxos de caixa há apenas uma inversão de sinal entre entradas e saídas de caixa. Entretanto, em fluxos de caixa não convencionais, com várias inversões de sinal entre entradas e saídas líquidas de caixa, podem ocorrer diversas taxas internas de retorno para um mesmo fluxo de caixa.

14. Cite uma utilidade relevante da aplicação do conhecimento da taxa interna de retorno de um fluxo de caixa?

Em um fluxo de caixa convencional do investimento de um projeto, qualquer decisão de contratar financiamentos bancários ou do mercado de capitais deve levar em conta que a taxa de juros desses financiamentos deve ser sempre inferior à taxa interna de retorno (TIR) do projeto de investimento. Essa é a premissa básica que qualquer gestão financeira deve levar em conta para haver alavancagem financeira que aumente a rentabilidade dos recursos próprios a serem aplicados no investimento.

15. Qual a relação entre taxa interna de retorno e taxa do custo de capital de um projeto ou empresa?

Em um projeto com fluxo de caixa convencional, a taxa interna de retorno deve ser maior que o custo de capital dos recursos que cobrem os investimentos do projeto. Essa é a condição básica para que o projeto seja gerador de valor, ou seja, de valor presente líquido (VPL), usando como taxa de desconto o custo de capital. Vale lembrar que a taxa do custo de capital é a média ponderada do custo líquido (após imposto de renda) do débito e dos custos do capital próprio aplicado no projeto. Os pesos da ponderação são os percentuais medidos ao mercado dos recursos de débito e de capital próprio no total do investimento. O custo do capital próprio representando a taxa mínima de atratividade dos acionistas para o negócio, em geral, é calculado pelo Modelo CAPM (*Capital Asset Pricing Model*), envolvendo ajustamento estatístico das variações das cotações passadas das ações, as taxas de aplicação financeira sem risco e taxas médias das ações na Bolsa. Os livros de finanças corporativas pormenorizam os cálculos do custo de capital e da aplicação do Modelo CAPM.

16. Existem relacionamentos entre as taxas de retorno simples, referidas a lucros líquidos ou a gerações de caixa, e as taxas internas de retorno do fluxo de caixa completo do investimento?

O uso mais comum e adequado pelos projetistas e analistas é o da taxa interna de retorno do fluxo de caixa do investimento para base de cálculo da taxa de retorno de um projeto futuro. Entretanto, principalmente nas análises de desempenhos passados, com base em resultados simples, com o lucro líquido ou a geração de caixa, para uma ideia do retorno do investimento sem a preocupação com prazos futuros. É regra geral que as taxas de retorno calculadas com lucros líquidos tendem a subavaliar as taxas internas de rentabilidade do fluxo de caixa efetivo do investimento. A taxa de retorno simples pautada na geração anual de caixa, por outro lado, tende a superestimar a taxa interna de retorno do *cash flow* futuro, construído com a repetição anual da mesma geração de caixa, pelo período de vida útil do investimento.

17. Qual a taxa interna de retorno de um investimento que gera um fluxo de caixa anual constante, em termos perenes?

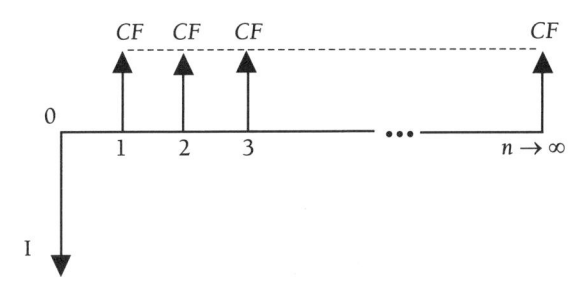

Sendo o fluxo de caixa anual líquido CF, perene, e o investimento inicial I a taxa interna de retorno, no limite é a relação $\text{TIR} = \dfrac{CF}{I}$

18. Qual a taxa interna de retorno de um investimento inicial I, com um fluxo de caixa líquido anual constante CF, ao longo de n (número finito) de anos?

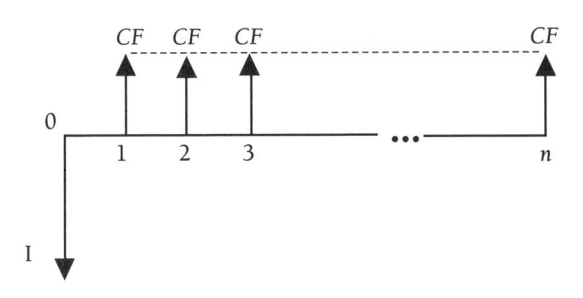

Pode-se determinar a TIR partir da fórmula TIR = i, onde:

$$I = CF \times \frac{(1+i)^n - 1}{i(1+i)^n} \quad \text{ou} \quad \frac{I}{CF} = \frac{(1+i)^n - 1}{i(1+i)^n}$$

i seria obtido em tabelas financeiras com o conhecimento do fator $\dfrac{I}{CF}$ e de n.

Pela calculadora HP-12C a TIR pode ser determinada fazendo-se:
$PV = I$
$PMT = CF$
$n = n$
Então: i = TIR

19. Qual a taxa interna de retorno de um investimento que gera um fluxo de caixa anual constante, em termos perenes?

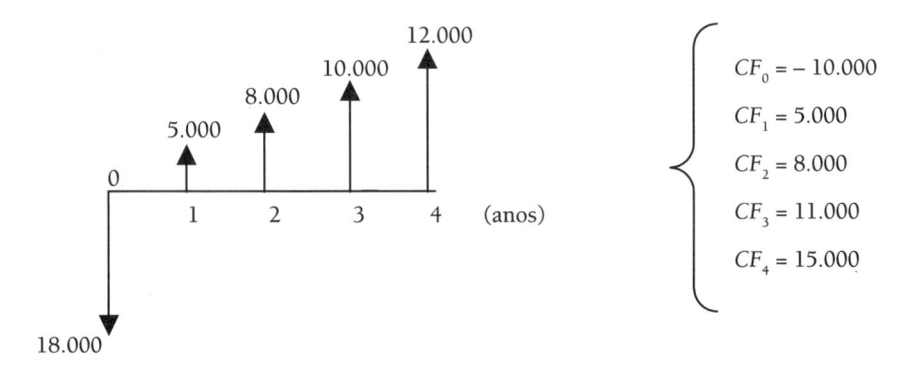

$$CF_0 = -10.000$$
$$CF_1 = 5.000$$
$$CF_2 = 8.000$$
$$CF_3 = 11.000$$
$$CF_4 = 15.000$$

Utilizando-se a programação (cálculo realizado na HP-12C):

Digitar	Visor
18.000 CHS g CF_0	– 18.000
5.000 g CF_j	5.000
8.000 g CF_j	8.000
10.000 g CF_j	10.000
12.000 g CF_j	12.000
f IRR	28,08% = TIR

Obs.: IRR = *internal rate of return* = TIR = taxa interna de retorno

II- Simbologia e fórmulas básicas

Simbologia

LL = lucro líquido do período
P = principal investido
I = investimento inicial
R = geração de caixa periódico = CF = *cash flow* periódico
i = taxa de juros da aplicação de capital
TIR = taxa de juros representativa da taxa interna de retorno de uma aplicação de capital ou de um investimento
p = *payback* ou período de recuperação de um capital (pelo lucro ou pela geração de caixa)

Fórmulas básicas

$$\text{Taxa de retorno simples} = \frac{LL}{I}$$

$$\textit{Payback}, \text{ pelo lucro líquido: } p = \frac{I}{LL}$$

$$\textit{Payback}, \text{ pela geração de caixa: } p' = \frac{I}{R} = \frac{I}{CF}$$

Taxa de rentabilidade de uma aplicação de capital (equação de resolução):

$$P = \frac{R_1}{1+i} + \frac{R_2}{(1+i)^2} + \frac{R_3}{(1+i)^3} + \dots + \frac{R_n}{(1+i)^n}$$

III- Aplicações em destaque

Vale a observação inicial de que grande parte dos exercícios expostos nos capítulos 8, 9 e 10 versa sobre cálculo de taxas de rentabilidade composta, que se assemelham a taxas de retorno tratadas especificamente no presente capítulo.

Os exercícios de aplicação subsequentes complementam aqueles expostos no teor das questões-chave deste capítulo e aqueles apresentados nos capítulos 8, 9 e 10.

1) Aplica-se R$ 1.000.000 em um investimento que, no final de um ano, obtém-se uma soma líquida final de R$ 1.350.000. Pede-se calcular a taxa interna de retorno desse investimento.

Resolução

A taxa interna de retorno é a taxa de juros referente a essa aplicação.

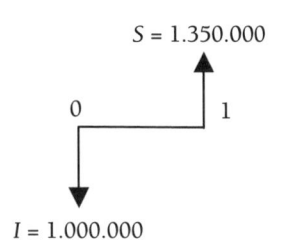

$S = P \cdot (1 + i)$
$S = P \cdot (1 + TIR)$
$1.350.000 = 1.000.000 \, (1 + TIR)$

$1 + TIR = \dfrac{1.350.000}{1.000.000} = 1,35$

$TIR - 0,35 = 35\%$ (no ano)

2) Calcular a taxa interna de retorno do seguinte investimento, dado o investimento inicial (data 0) e as gerações de caixa líquida (CF_1, CF_2 e CF_3).

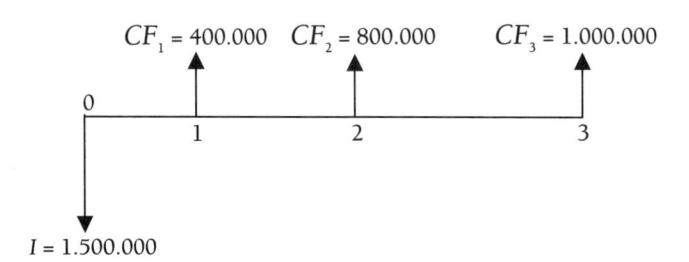

Resolução

A equação de resolução:

$$I = \frac{CF_1}{1+i} + \frac{CF_2}{(1+i)^2} + \frac{CF_3}{(1+i)^3}$$

$$500.000 = \frac{400.000}{1+i} + \frac{800.000}{(1+i)^2} + \frac{1.000.000}{(1+i)^3}$$

Pela HP-12C:

Digite		Visor
500.000	CHS g CF_0	
400.000	g CF_j	
800.000	g CF_j	
1.000.000	g CF_j	
	f IRR	105,35% a.a.

3) Se o investidor tivesse uma queda significativa de lucratividade no terceiro ano do fluxo de caixa de investimento do exercício anterior, com a entrada líquida de caixa se reduzindo de 60%, qual seria a nova taxa interna de retorno do projeto?

Resolução

O novo fluxo de caixa de investimento seria:

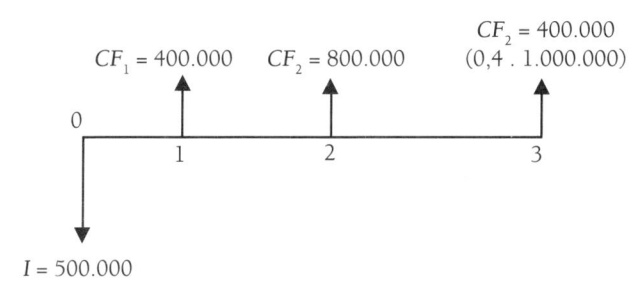

Resolução

A nova taxa interna de rentabilidade seria agora TIR = 87,85% a.a.

Pela HP-12C:

Digite		Visor
500.000	CHS g CF_0	
400.000	g CF_j	
800.000	g CF_j	
400.000	g CF_j	
	f IRR	87,85% a.a.

4) Calcular a entrada de caixa líquida anual constante relativa a um projeto cujo investimento inicial é dividido em duas aplicações (data 0 inicial: 600 M e data 1 final do ano 1: 700 M). O projeto começa a gerar receitas e caixa líquida no ano 3, e assim continua por mais 10 anos (até o ano 11). A taxa interna de retorno do projeto é de 25% a.a.

Resolução

Sendo R = geração anual líquida de caixa, o fluxo de caixa do projeto é:

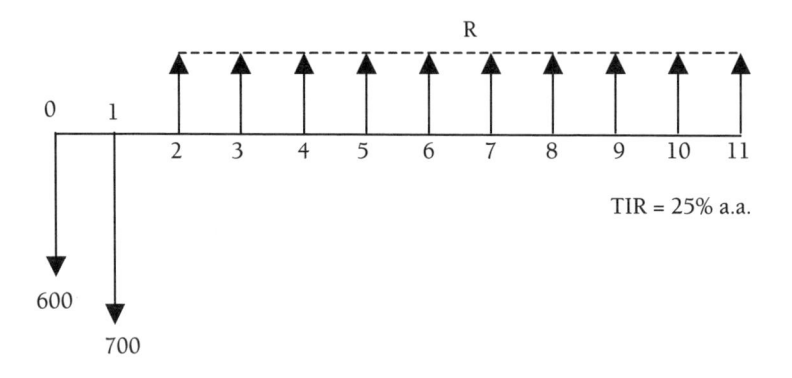

A equação de resolução é:

$$600 + \frac{700}{1+i} = \frac{R}{(1+i)^2} + \frac{R}{(1+i)^3} + \frac{R}{(1+i)^4} + \ldots + \frac{R}{(1+i)^{11}}$$

$$600 + \frac{700}{1+i} = R \cdot \left(\frac{R}{(1+i)^2} + \frac{R}{(1+i)^3} + \frac{R}{(1+i)^4} + \ldots + \frac{R}{(1+i)^{11}} \right)$$

Resolvendo-se pela HP-12C, primeiramente calcula-se para R = 1 o valor da soma dos valores atuais das parcelas indicadas (o NPV desse fluxo reduzido)

$$\left(\frac{R}{(1+0,25)^2} + \frac{R}{(1+0,25)^3} + \frac{R}{(1+0,25)^4} + \ldots + \frac{R}{(1+0,25)^{11}} \right)$$

pelo programa da HP-12C:

Digite		Visor
0	g CF$_0$	
0	g CF$_j$	
1	g CF$_j$	
10	g N$_j$	
25	i	
	f NPV	2,85640

Substituindo esse valor encontrado na equação, ter-se-á:

$$600 + \frac{700}{1 + 0,25} = R \cdot 2,85640$$

$$600 + 560 = R \cdot 2,85640$$

$$1.160 = R \cdot 2,85640$$

$$R = \frac{1.160}{2,85640} = 406,11/\text{ano}$$

5) Um investimento, cujo valor inicial é 1.000 M composto de 900 M de ativos imo-bilizados e 100 M de capital de giro, é aplicado na data 0 e gera a partir do ano 1, durante cinco anos, uma geração de caixa básica de 349 M/ano. Nessa geração de caixa já está incluída a despesa de depreciação imputada de $\frac{900M}{5} = 180$ M/ano.

Se o imposto de renda sobre o lucro é de 33%, o valor residual dos ativos fixos é zero e, ao final do período, o capital de giro investido retorna ao acionista.

1º) a TIR do investimento
2º) o lucro líquido anual e a taxa de retorno simples sobre o investimento
3º) o *payback* do investimento

Resolução

1º) Cálculo da TIR

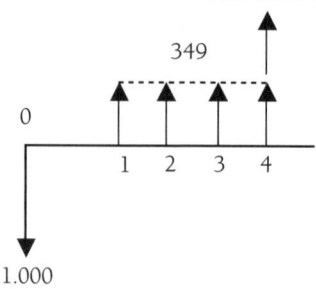

100 (volta do capital de giro)

349

0

1 2 3 4

1.000

Nesse fluxo a TIR é 23,64% a.a.
(calculada diretamente pela HP-12C)

Digite		Visor
1.000	g CF_0	
349	g CF_j	
4	g N_j	
449	g CF_j	
	f IRR	2,85640

2º) Demonstrando-se o lucro líquido

1 = Geração de caixa anual básica	349,0
2 = Despesa de depreciação (900/5)	(180,0)
3 = (1 – 2) = LAIR (lucro antes do imposto de renda):	169,0
4 = Imposto de renda (33% LAIR)	(55,8)
5 = 3 – 4 = lucro líquido do exercício	113,2
6 = Taxa de retorno simples (lucro líquido /investimento):	$\dfrac{113,2}{1.000} = 11,32\%$

3º) Período de *payback*, medido pela geração de caixa (pelo lucro líquido teria que ser um período superior aos cinco anos de vida do projeto):

$$\frac{Investimento}{Geração\ de\ caixa\ anual} = \frac{1.000}{349} = 2,86\ (anos)$$

A RESOLVER

6) Qual a taxa interna de retorno do seguinte fluxo de caixa de investimento?

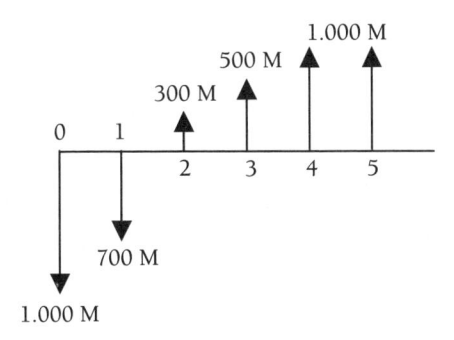

Resposta

15,33%

7) Qual a taxa interna de retorno do fluxo de caixa do seguinte investimento?

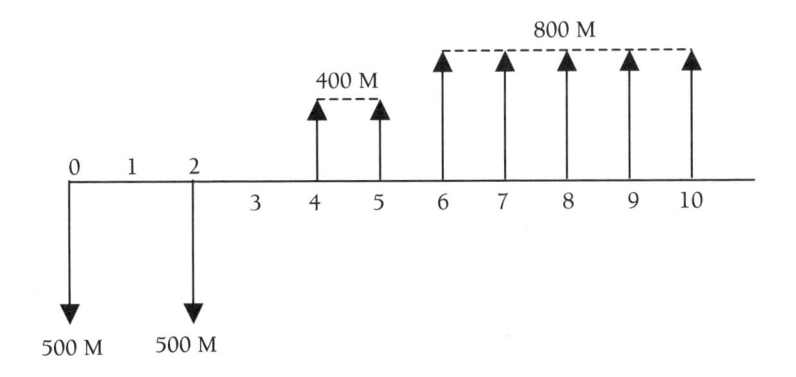

Resposta

29,33%

8) Refazer o exercício anterior, recalculando o novo valor de R da entrada líquida de caixa do ano 2 até o ano 11, de modo que a taxa interna de retorno do projeto baixe para 19%.

Resposta

R = 161,34

9) Calcule a taxa interna de retorno com que deve trabalhar um fundo de pensão para receber uma quantia anual R de um participante durante 30 anos e após esse período garantir uma renda anual de 3R para esse participante, durante os próximos 30 anos.

Resposta

4,73% a.a.

10) Refazer o exercício 5 anterior sabendo que a geração de caixa básica de 349 M/ano será obtida ao longo de 10 anos do projeto, com depreciação linear de 900 M/10 = 90 M/ano, com taxa de imposto de renda de 33% e as demais condições e valores de investimento constantes.

Resposta

1º) TIR de 32,85% a.a.
2º) taxa de retorno simples: 17,53% a.a.
3º) payback, pela geração: 2,86 (anos)

14

Sobre valor atual de fluxos de caixa e geração de valor

> **Objetivos**
>
> Este capítulo tem o objetivo de revisar as questões básicas sobre valor atual de uma série de entradas e saídas de caixa, já tratadas com pormenores no capítulo 9 e exercitadas no capítulo 10 das aplicações da calculadora HP-12C.
> Trata-se especificamente:
>
> ❑ conceito de valor atual ou valor presente líquido de um *cash flow* (VPL);
> ❑ fórmulas de VPL de alguns fluxos de caixa destacáveis para avaliação de um projeto ou empreendimento cujo *cash flow* futuro é estimado.
>
> As próprias questões-chave a seguir estruturadas na parte II estabelecem as principais fórmulas de VPLs que já foram abordadas no capítulo 9.

I- Questões-chave sobre valor atual de fluxos de caixa e geração de valor

1. Por que é importante o cálculo do valor atual ou valor presente líquido de um *cash flow*?

Porque o VPL caracteriza a geração de valor, medido em termos atuais, que será efetivada caso seja implantado um projeto de investimento cujo *cash flow* é previsto e descontado por determinada taxa de juros composta escolhida.

2. Qual o significado econômico desse valor gerado, expresso pelo VPL do fluxo de caixa?

Escolhida a taxa de desconto para expressar o custo de capital, o custo médio ponderado dos recursos de terceiros e próprios que financiam o projeto de investimento, calculado o valor presente líquido (VPL) do *cash flow* do projeto através dessa taxa de juros descontado seu fluxo de caixa, o VPL calculado será a medida do ganho efetivo que o projeto irá produzir se implantado e operado segundo as premissas adotadas, já descontados os custos inerentes aos dois tipos de aportes de recursos citados.

3. O que significa um projeto ter um valor presente líquido (VPL) negativo?

Significa que esse projeto não deve ser aceito, pois ele destrói valor, referencialmente ao nível básico estabelecido pela remuneração obrigatória estabelecida pelo custo de capital.

4. O que estabelece o VPL de um fluxo de pagamentos futuros?

O VPL de uma série de pagamentos futuros de reembolso de um empréstimo ou de um contrato de serviço celebrado identifica um valor único atual que financeiramente é equivalente ao conjunto dos citados desembolsos. Portanto, esse pagamento único poderia ser negociado, estando em vigência no mercado uma certa taxa de juros compostos que desconta para a data atual o fluxo de pagamentos, de modo a substituir a série dos pagamentos que foram descontados para a data atual.

5. Como se costuma caracterizar o VPL de um fluxo de caixa projetado para uma empresa ou projeto de investimento?

O valor presente líquido (VPL) de um fluxo de caixa projetado para uma empresa ou projeto de investimento, utilizando o custo de capital do empreendimento, costuma ser chamado de valor econômico, ou valor intrínseco ou valor do negócio.

6. O que acontece com o valor econômico de um certo fluxo de caixa de um empreendimento quando a taxa do custo de capital se eleva por aumento dos riscos inerentes ao negócio?

Aumentando o risco, eleva-se o custo de capital de um empreendimento, o que torna menor o valor presente líquido ou o valor econômico do negócio.

7. Contrariamente, o que acontece com o valor econômico com diminuição de riscos e do custo de capital?

Diminuindo o risco, decresce o custo de capital e, por conseguinte, aumenta o VPL ou valor econômico do negócio. Os valores de títulos, ações, empresas crescem com a diminuição do risco e dos custos de capital na economia.

8. Qual o valor econômico de um negócio cujo *cash flow* projetado terá entradas de caixa líquidas constantes e numa perenidade?

O valor econômico ou VPL do fluxo de uma perenidade é igual ao valor do *cash flow* líquido anual (*CF*) dividido pelo custo de capital (*K*), também anual.

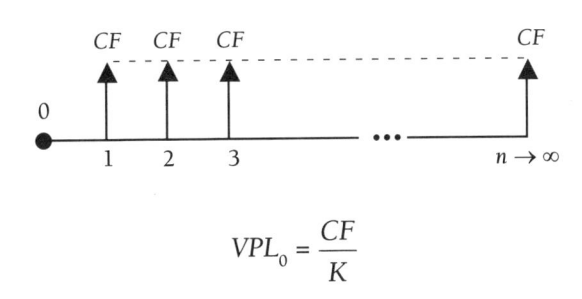

$$VPL_0 = \frac{CF}{K}$$

9. Qual o valor econômico de um negócio cujo fluxo de caixa tem um número (*n*) limitado de períodos futuros e valor anual do *cash flow* (*CF*) constante, sendo *K* o custo de capital anual?

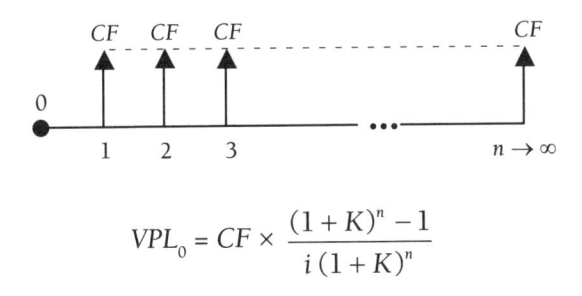

$$VPL_0 = CF \times \frac{(1+K)^n - 1}{i(1+K)^n}$$

10. Qual o valor atual de um fluxo de caixa perene, cuja entrada líquida anual é crescente, em progressão geométrica de razão *g*, sendo a primeira entrada líquida *CF_1*, e *K* o custo de capital anual?

Aplicando-se a fórmula de Gordon ao *cash flow*:

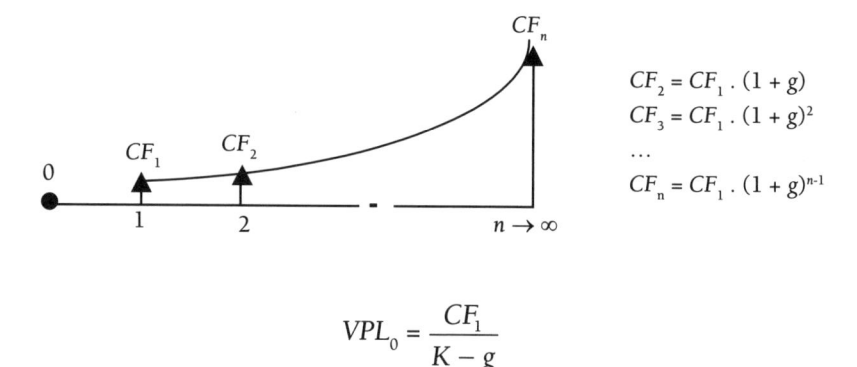

$$CF_2 = CF_1 \cdot (1 + g)$$
$$CF_3 = CF_1 \cdot (1 + g)^2$$
$$\dots$$
$$CF_n = CF_1 \cdot (1 + g)^{n-1}$$

$$VPL_0 = \frac{CF_1}{K - g}$$

11. Qual o valor atual de um fluxo de caixa de número finito de termos de entradas líquidas de caixa, crescentes em progressão geométrica de razão g, sendo a entrada do primeiro ano CF_1, n o número definido de anos e K taxa do custo de capital?

Deduz-se a fórmula e o fluxo.

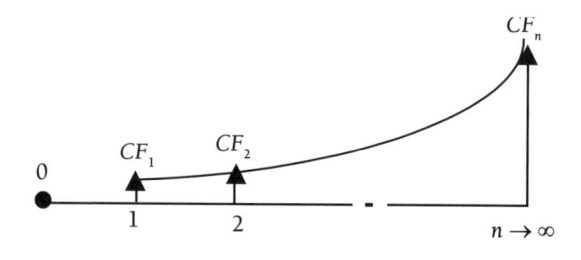

$$VPL_0 = \frac{CF_1}{1 + K} \cdot \frac{\left(\dfrac{1 + g}{1 + K}\right)^n - 1}{\left(\dfrac{1 + g}{1 + K}\right) - 1}$$

12. Qual o valor atual de um fluxo de entradas de caixa de um negócio permanente, em que há crescimento geométrico das entradas líquidas de caixa (razão g), até n anos; após esse período estabiliza-se em patamar perene, sendo K o custo de capital e CF_1 a entrada líquida de caixa do primeiro ano?

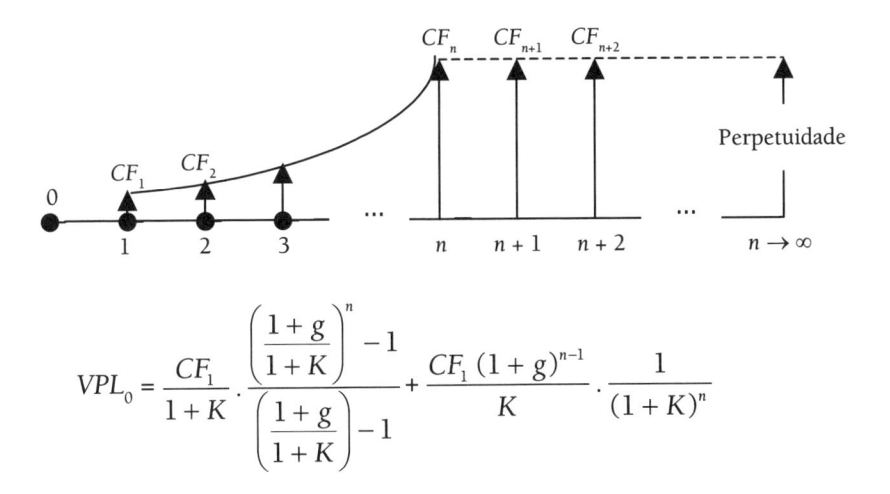

$$VPL_0 = \frac{CF_1}{1+K} \cdot \frac{\left(\dfrac{1+g}{1+K}\right)^n - 1}{\left(\dfrac{1+g}{1+K}\right) - 1} + \frac{CF_1\,(1+g)^{n-1}}{K} \cdot \frac{1}{(1+K)^n}$$

Essa fórmula é muitas vezes usada para avaliar grandes negócios, com vida útil longa, e onde se pode fazer previsões em ritmo geométrico crescente até o fim de um determinado ($n = 10$ ou 15 anos), considerando-se após essa data ou estabilização da entrada líquida de caixa ao longo de um tempo final muito longo (perpetuidade).

13. Como o valor atual do fluxo de rendimentos de um título de renda conhecida estabelece o valor de negociação desse título?

Seja para um título de renda final no término de seu prazo, ou de renda periódica com resgate final, o valor presente líquido (VPL) dos futuros rendimentos e dos valores dos resgates (parcial e/ou final) desses títulos, calculado pela taxa de juros compostos que reflete os juros de mercado dia a dia, traduz o valor da negociação atual dos títulos. Quando a taxa de juros se eleva, caem automaticamente os valores de negociação dos títulos, provocando diminuição no valor da carteira e, consequentemente, das cotas dos fundos que aplicaram recursos nesses títulos. Isso acontece quando o critério de avaliação desses títulos no portfólio dos fundos é de "marcação ao mercado". Contrariamente, se a taxa de juros diminuir, haverá valorização dos títulos em carteira e das cotas dos fundos.

14. Na avaliação de negócios, quando o valor econômico medido pelo VPL do fluxo de caixa projetado para o empreendimento se traduz no valor de mercado do negócio?

Os valores econômicos dos empreendimentos são baseados em estudos e projeções técnico-mercadológico-econômico-financeiros a respeito da possível vida futura dos negócios dessa empresa, contemplando seus orçamentos financeiros e não financeiros. Quando os analistas de investimentos realizam tais projeções com base no conhecimento das informações dos planos e projetos de desenvolvimento, o fazem para instruir o mercado, os fundos de investimentos e os clientes investidores. A partir da informação sobre a previsão do fluxo de caixa futuro, os valores econômicos são conhecidos, e o mercado provoca os movimentos de compra e venda das ações das empresas no sentido de seu valor econômico projetado. Caso a empresa não seja aberta e não tenha ações em bolsa, o valor econômico serve como base para negociações para eventuais compra e venda de fatias do capital ou mesmo 100% do controle da empresa.

II- Aplicações em destaque

1) Calcular o valor presente líquido do fluxo de caixa, à taxa de juros de 15% a.a.

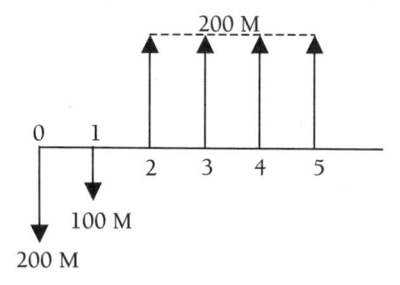

Resposta

209,56

2) Refazer o exercício 1, com a taxa de desconto de 20% a.a.

Resposta

$VPL = 148,12$

3) Calcular o VPL do seguinte fluxo de dispêndios, sendo a taxa de juros de atualização de 13% a.a.

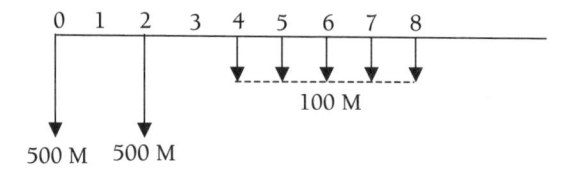

Resposta

1.135,34

4) Calcular o *VPL* do seguinte fluxo de caixa, sendo a taxa de juros de desconto igual a 15% a.a.

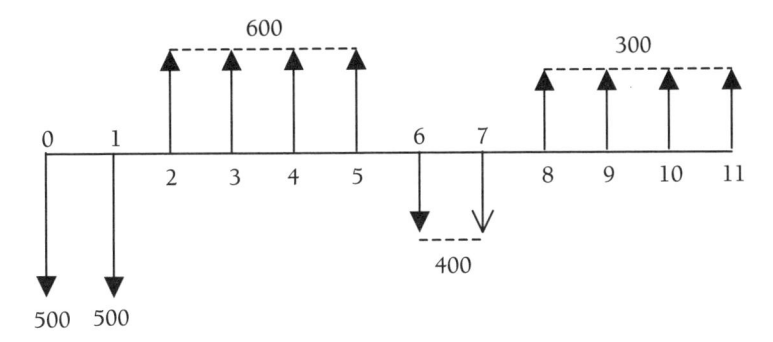

Resposta

609,52

5) Calcular o *VPL* do seguinte fluxo de caixa projetado, descontado à taxa de juros composta de 12% a.a.

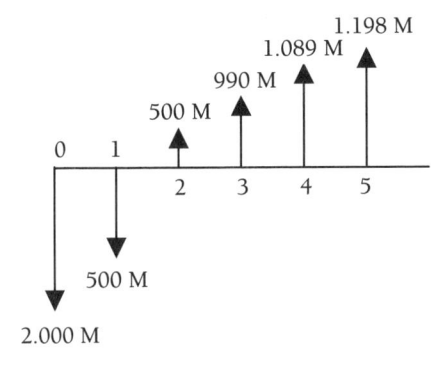

Resposta

347,56

15

Sobre a matemática do consumidor: compras, descontos e créditos ao consumidor

---

Objetivos

Neste capítulo são expostos, de forma concisa e objetiva, questões relacionadas com as compras de consumidores e suas possibilidades e custos dos créditos que financiam seu consumo. São tratados os temas:

- ❏ compra à vista ou a crédito;
- ❏ cálculo dos juros embutidos nas compras nas lojas realizadas em diversos prazos;
- ❏ juros nas compras de bens "sem juros";
- ❏ cálculo dos juros nos créditos diretos ao consumidor das financeiras.

I- Questões-chave sobre a matemática do consumidor: compras, descontos e crédito direto ao consumidor

1. Deve um consumidor comprar um bem à vista ou a prazo?

Depende de seu orçamento, de quanto é a sua renda e de quanto gasta mensalmente para sua manutenção e de seus familiares. Depende também de sua atitude em relação à poupança que deseja ter em face das disponibilidades dos recursos gerados por sua renda ou já acumulados no passado. Por fim, depende do custo do dinheiro, dos juros dos empréstimos bancários ou do financiamento dos vendedores do bem.

2. Como deve decidir um consumidor se realiza compra à vista por *PV* = $100 ou em um número determinado de prestações mensais sucessivas conhecidas, *PMT* = $ 40 três vezes a primeira delas a 30 dias?

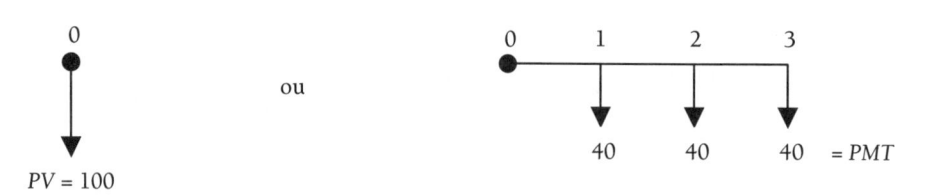

A solução do problema está na comparação dos valores atuais das duas opções em confronto, usando-se para taxa de desconto composta a taxa de rentabilidade que pode ser ganha (custo de oportunidade) nas aplicações financeiras do consumidor. Se a taxa de juros que ele obtém é de 1% ao mês, o valor atual da série de três prestações mensais de $ 40 vale $ 117,6 mais alto do que o preço à vista. Deve ser preferida a compra à vista. Basta o consumidor ter a quantia de $ 100.

3. O que aconteceria com a escolha do consumidor na pergunta anterior se a sua taxa de juros para aplicações financeiras fosse de 2% ao mês?

No caso de a taxa de juros dos rendimentos financeiros do consumidor atingir 2% ao mês, o valor atual das três prestações futuras, descontadas a essa taxa seria menor que no caso anterior, $ 115,4, mas ainda superior ao valor da compra à vista. Ainda seria mais "barato", financeiramente falando, a compra à vista.

4. Quando o consumidor toma um empréstimo em uma instituição financeira para comprar um bem, o que deve ser levado em conta em seus cálculos?

A taxa de juros efetiva do financiamento bancário deve estar em nível inferior à taxa efetiva dos juros embutidos no financiamento direto dos vendedores do bem desejado pelo consumidor.

5. Como saber qual é a taxa de juros efetivamente cobrada por uma loja no financiamento ao consumidor?

Para que o consumidor saiba qual é a taxa efetiva cobrada por uma loja ele deve conhecer, primeiro, o plano de financiamento indicado em duas, três ou mais prestações estipuladas. Em segundo lugar, é necessário saber qual o valor que pagaria à vista para adquirir o produto visado. O cálculo da taxa de juros embutida pelo lojista é encaminhado então no esquema financeiro de valor presente (*PV*) igual ao valor que seria pago à vista, e as *n* prestações que seriam pagas a prazo, em equivalência financeira. Exemplificando, se o bem pode ser adquirido em três prestações mensais de R$ 50 cada, mas à vista pode ser comprado por R$ 135 (com desconto de R$ 15 em relação ao total do preço a prazo de R$ 150), então a taxa de juros compostos que está embutida pelo lojista é de 5,46% ao mês.

6. Qual seria a taxa de juros do lojista, no caso de a loja não conceder desconto para a compra à vista, tendo o consumidor, como opções, pagar o produto em *n* prestações iguais à vista ou no prazo de *n* meses?

Não conhecendo o valor de aquisição à vista com diminuição do desconto em relação ao valor a prazo, é impossível o cálculo da taxa de juros embutida. É certo que existe uma cobrança de juros camuflada. Nesse caso não interessa ao lojista vender à vista, mas seu objetivo é que o consumidor compre a prazo. A estratégia de marketing do lojista é receber uma margem financeira adicional à margem comercial do seu negócio. Além disso, pode ser interesse do vendedor o retorno do consumidor à loja para pagar as prestações dos carnês recebíveis no caixa da loja. Nesse momento o consumidor poderá adquirir mais outros produtos!

7. O que acontece com a taxa efetiva de juros a ser paga por um consumidor que comprar um produto financiado por uma loja, sendo as prestações mensais calculadas a partir da fração 1/*n* do total formado pelo preço de referência para pagamento à vista somado do valor total dos juros do financiamento, aplicando-se a taxa de juros nominalmente declarada sobre o total de valor à vista multiplicado pelo prazo total de *n* períodos básicos?

Esse é um artifício para aumentar a taxa declarada nominalmente, cobrando-se do consumidor uma taxa efetiva (a que realmente traduz o custo financeiro da operação de financiamento) situada em patamar superior. Exemplificando-se, no caso de compra de um produto de valor à vista igual a $ 100, financiando a loja em 10 meses, cobrando taxa nominal de juros declarada de 2% ao mês, e definindo 10 prestações mensais (a primeira a 30 dias) de valor igual

$$\frac{100 + 2\% \times 10 \times 100}{10} = \frac{100 + 20}{10} = \$ \; 12 \text{ ao mês, o fluxo desse financiamento teria}$$

a taxa interna de juros de 3,46% ao mês.

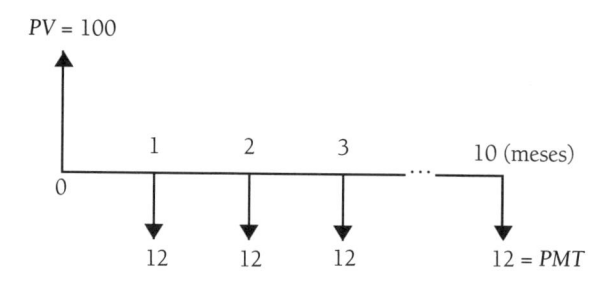

Para o cálculo de $i = 3,46\%$, usando-se a HP-12C tem-se: $PV = 100$; $PMT = -12$; $n = 10$. Nesse exemplo, a taxa efetiva é bem maior do que a taxa de juros nominalmente declarada (2% ao mês).

A artimanha está no cálculo da prestação com os juros de 2% ao mês incidentes sobre o período total do reembolso a partir de 100% do valor à vista, sem considerar que o consumidor pagará prestações sucessivas e assim irá diminuindo progressivamente os saldos devedores através das amortizações pagas (dentro das prestações).

8. Qual o desconto mínimo que deve um consumidor solicitar à loja para pagar à vista um produto que está sendo anunciado por $ 100 em quatro vezes sem juros, a primeira prestação daqui a 30 dias, sendo a taxa de rendimento de 1% o custo de oportunidade desse?

Para tornar a compra à vista financeiramente equivalente ao pagamento a prazo em quatro prestações mensais e sucessivas de $ 25, a primeira daqui a 30 dias, o valor atual das quatro prestações, descontadas à taxa de juros do custo de oportunidade do comprador (1% ao mês) no valor de $ 97,55, deve ser o preço à vista mínimo a ser solicitado, correspondente a um desconto de 2,45% sobre o valor total a prazo. Daí para baixo a compra à vista é mais vantajosa.

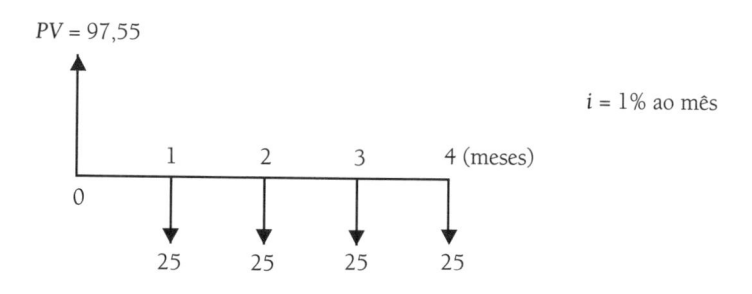

9. Na compra financiada de um bem, com exigência de pagamento de uma quantia inicial como entrada, sendo o saldo restante financiado em uma

quantidade *n* de prestações constantes, cobrando-se uma taxa efetiva de juros *i* (composta), como calcular o valor dessa prestação mensal?

O valor do saldo restante – valor à vista menos a entrada exigida – passa a ser o valor presente (*PV*) das *n* prestações iguais *PMT*, valendo a taxa de juros composta *i*. No crédito direto ao consumidor, a compra financiada de um automóvel de valor à vista igual a $ 20.000, sendo exigida uma entrada de 20%, ou seja, $ 4.000, fará com que seja financiada a quantia de $ 16.000 (PV). No prazo de 24 meses, com 24 prestações iguais mensais, a primeira daqui a 30 dias, sendo a taxa de juros compostos efetivamente cobrada de 2% ao mês, abrangendo também despesas e impostos, usando-se a HP-12C, pode-se determinar o valor da prestação PMT.

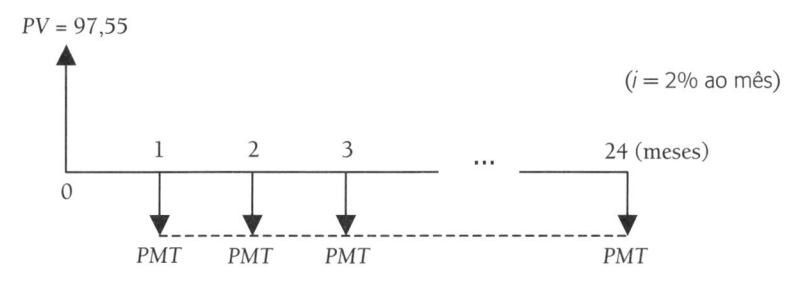

A prestação mensal *PMT* será de $ 845,94 (*PV* = $ 16.000, *n* = 24, *i* = 2%).

10. Quais as tabelas usadas por duas lojas que financiam suas vendas de seis a 12 meses, através de seis a 12 prestações mensais iguais, a primeira dentro de 30 dias. Os valores da tabela devem ser relativos a prestações correspondentes a financiamento modular de $ 1.000. A primeira loja, A, tem taxa de juros de 2% ao mês e a segunda, B, tem taxa de 4% ao mês?

Utilizando a HP-12C, *PV* = 1.000; *n* = 6 a 12; *i* = 2% ou 4%.

Prazo	Loja A (2% ao mês)	Loja B (4% ao mês)
6 meses	178,53	190,76
7 meses	154,51	166,61
8 meses	136,51	148,53
9 meses	122,52	134,49
10 meses	111,33	123,29
11 meses	102,18	114,15
12 meses	94,56	106,55

11. Que variáveis deve conter a tabela de orientação a um consumidor que deseja comprar a prazo e saber a taxa de juros efetiva que está pagando no financiamento da loja ou da instituição financeira?

A tabela deve indicar o prazo de financiamento em prestações constantes em número igual ao dos períodos básicos contidos, o valor da taxa de juros composta e o valor correspondente da prestação constante referida a cada $ 1.000 de financiamento.

12. Exemplifique uma tabela de cálculo da prestação constante em função da taxa efetiva de juros e o número de prestações mensais (postecipadas) do financiamento.

Valor da prestação para financiamento de $ 1.000

Taxa de juros compostos mensal	Número de prestações mensais						
	3	6	9	12	15	18	24
0,5%	336,67	169,60	113,91	86,066	69,364	58,232	44,073
1,0%	340,02	172,55	116,74	88,849	72,124	60,982	47,073
1,5%	343,38	175,53	119,61	91,680	74,944	63,806	49,924
2,0%	346,75	178,53	122,52	94,560	77,825	66,702	52,871
2,5%	350,14	181,55	125,46	97,487	80,766	69,670	55,913
3,0%	353,53	184,60	128,43	100,46	83,767	72,709	59,047
4,0%	360,35	190,76	134,49	106,55	89,941	78,993	65,587
5,0%	367,21	197,02	140,69	112,83	96,342	85,546	72,471

Exemplificando, o financiamento de um veículo no valor de $ 20.000, em 24 meses, cobrando-se a taxa de 2% ao mês teria a prestação de $\dfrac{52,871}{1.000} \times 20.000 =$ $ 1.057,42 por mês.

13. Qual o valor de um cheque pré-datado?

É o valor atual do valor do cheque, descontado pelo período a decorrer até a data do recebimento final, utilizando-se a taxa de juros vigente no mercado de crédito.

II- Aplicações em destaque

Grande parte das aplicações apresentadas nos capítulos 9, 10 e 11 é utilizada nos exercícios complementares, a resolver, sobre o presente tema.

1) Qual o valor da prestação mensal constante que pagará o comprador de um carro de valor igual a R$ 40.000, tendo dado de entrada o seu atual carro avaliado em R$ 15.000, sendo cobrada taxa de juros de 2,50% a.m. no prazo de 26 meses?

Resposta

R$ 1.061,29/mês

2) Qual seria o valor da prestação do exercício 1, no caso de apenas 12 prestações?

Resposta

R$ 2.437,18/mês

3) Quem tem disponível uma verba de R$ 1.100 por mês, em quanto tempo poderá pagar o financiamento de um carro cujo valor à vista é R$ 30.000, se a taxa de juros cobrada for de 1,75% a.m.?

Resposta

38 meses

4) Um produto de valor igual a R$ 300 pode ser comprado em seis parcelas mensais sem juros ou em 10 vezes sem juros. Se o consumidor soubesse o valor que poderia pagar à vista (85% do valor de referência para compra a prazo), quais seriam as taxas de juros compostos mensais embutidas nos financiamentos em seis vezes e em 10 vezes que estaria pagando ao lojista?

Resposta

4,85% a.m. (seis meses)
3,07% a.m. (10 meses)

5) Uma loja vende um eletrodoméstico de R$ 500 em cinco vezes, aceitando cinco cheques (um à vista e quatro pré-datados para os próximos quatro meses) de R$ 100. Precisando de recurso, essa loja desconta em uma *factoring*, que cobra uma taxa composta de 3,55% a.m., os quatro cheques pré-datados. Quanto receberá a loja nessa operação como valor descontado dos quatro cheques?

Resposta

R$ 366,87

16

Sobre operações cambiais

Objetivos

Neste capítulo são apresentados diversos conceitos e cálculos referentes à modificação nas taxas cambiais e seus reflexos diretos nos valores e aplicações feitos na moeda de um país que sofre desvalorização e na de um com valorização positiva. Especificamente tratam-se dos seguintes temas:

- conceitos de taxa de câmbio;
- razões para haver variações na taxa de câmbio entre duas moedas;
- relacionamentos entre as taxas de valorização e de desvalorização simultânea das moedas em confronto;
- relacionamento entre taxas de juros nos países das moedas que sofrem variações e as taxas de câmbio nos momentos das aplicações, resgates e transformações dos valores entre as moedas;
- a importância das operações cambiais a termo e a futuro na proteção (*hedge*) de patrimônios em moeda fraca e nas operações comerciais entre os países cujas moedas sofrem flutuações.

I- Questões-chave sobre operações cambiais

1. O que é uma taxa de câmbio?

É a relação de troca entre duas moedas. É a quantidade de uma moeda que é trocada pela unidade de outra moeda de referência. Assim, no mercado, em determinada data, a taxa de € (euros) para dólar é de € 0,98 por US$ 1 ; e a de reais R$ 2,50 (reais) por US$ 1.

2. O que caracteriza uma desvalorização cambial de uma moeda?

Quando aumenta a quantidade de uma moeda A, necessária para comprar uma unidade da moeda B, a moeda A se desvaloriza em relação a B. Igualmente pode ser dito que a moeda B valoriza-se em relação à moeda A. É necessário menos quantidade da moeda B para comprar uma unidade da moeda A (que se desvaloriza).

3. Por que se valorizam ou se desvalorizam as moedas?

No mercado cambial, as flutuações das cotações das diversas moedas são em função da lei de oferta e da procura das moedas. A taxa cambial vigente entre duas moedas, em determinado momento, é aquela que reflete o equilíbrio entre as forças de venda e de compra dessas moedas. Caso haja um desequilíbrio de forças nesse mercado, surgindo maior pressão de compra de uma moeda, aumentar as compras dessa moeda e as vendas da outra moeda, valorizando-se a primeira moeda em relação à segunda.

4. Que razões podem ser encontradas para compra de uma moeda externa em determinado país?

As compras de moeda estrangeira podem ser motivadas por:

a) necessidade de importadores desse país comprarem a moeda externa para pagar seus bens importados, o mesmo valendo para pagamento de serviços prestados por estrangeiros;

b) necessidade de as empresas estrangeiras localizadas no país remeterem dividendos, juros e amortizações de empréstimos e títulos de instituições financeiras financiadoras e demais credores externos;

c) necessidade de o governo do país comprar moeda estrangeira para formação de suas reservas internacionais ou para pagar reembolsos de empréstimos tomados nos bancos multilaterais (Banco Mercantil, BID, FMI etc.);

d) necessidade de turistas nacionais comprarem a moeda estrangeira para suas viagens ao exterior;

e) medo das incertezas na política econômica do país. Os investidores e as pessoas físicas/jurídicas do país, com receio de maiores desvalorizações de suas moedas, transformam a moeda local em moeda estrangeira para garantir reservas ou para fazer investimentos externos.

5. Que razões podem ser observadas para venda externa em determinado país?

As vendas de moeda estrangeira podem acontecer:
a) no caso de os exportadores nacionais e prestadores de serviço no exterior objetivarem trocar as divisas recebidas por suas exportações por moeda nacional quando realiza seus negócios de produção;
b) quando os investidores externos, diretamente, aplicam capital de seu país de origem no país receptor como investimentos, empreendimentos reais ou aplicações financeiras, inclusive as especulativas;
c) no caso em que bancos e instituições financeiras emprestam recursos em moeda estrangeira ao país mutuário desses créditos (governos, instituições financeiras e não financeiras);
d) em ocasiões em que o governo vende suas reservas internacionais para gerar recursos e moeda nacional para investimentos e despesas locais.

6. Qual a fórmula da taxa de valorização cambial de uma moeda em relação a outra?

Sendo C_0 a taxa de câmbio de conversão da moeda A para a moeda B, na data inicial 0 (C_0 unidades de A para uma unidade de B) e C_1 essa mesma taxa de câmbio em uma data seguinte, 1, tendo havido a valorização da moeda B em relação à moeda A ($C_1 > C_0$), a taxa percentual de valorização de B em relação a A, no período, é:

$$t_v = \frac{C_1 - C_0}{C_0} \times 100\%$$

7. Exemplifique com cálculo da taxa de valorização do dólar em relação ao real, ao passar da cotação C_0 = R\$ 2,50/US\$ para C_1 = R\$ 3/US\$.

A taxa de valorização do dólar foi de 20% em relação ao real, no período considerado. Na data 1 a mesma quantidade de dólares compra uma quantidade de reais 20% maior. Essa taxa de 20% foi calculada pela fórmula:

$$t_v = \frac{C_1 - C_0}{C_0} = \frac{3,00 - 2,50}{2,50} = \frac{0,50}{2,50} = 0,20 \times 100\% = 20\%$$

8. Calcule a taxa de valorização do dólar em relação ao euro quando sua cotação passou de € 0,95/US$ para € 1,00/US$.

Fazendo C_0 = € 0,95/US$ e C_1 = € 1,00 /US$ a valorização do dólar em relação ao euro, no período, foi de:

$$t_v = \frac{C_1 - C_0}{C_0} = \frac{1,00 - 0,95}{0,95} = \frac{0,05}{0,95} = 0,05263 \times 100\% = 5,263\%$$

9. Qual a fórmula da taxa de desvalorização cambial de uma moeda em relação à outra?

Sendo C_0 a taxa de câmbio da moeda A, convertida na moeda B na data inicial 0 (C_0 unidades da moeda A compram uma unidade da B), e C_1 essa mesma taxa de câmbio em uma data seguinte, 1, tendo havido desvalorização da moeda A em relação à moeda B ($C_1 < C_0$), a taxa de desvalorização de A em relação à B é:

$$t_d = \frac{C_1 - C_0}{C_0}$$

A taxa de valorização correspondente de B sobre A é:

$$t_v = \frac{C_0 - C_1}{C_1}$$

10. Calcule a taxa de desvalorização do real em relação ao dólar, no exemplo da pergunta 7, onde inicialmente a taxa era R$ 2,50/US$ e depois R$ 3/US$.

A taxa de desvalorização do real em relação ao dólar foi:

$$t_d = \frac{C_1 - C_0}{C_0} = \frac{3,00 - 2,50}{2,50} = \frac{0,50}{3,00} = 0,167 \times 100\% = 16,7\%$$

Falar em desvalorização do real de 16,7% em referência ao dólar é o mesmo que dizer que a taxa do dólar teve uma valorização de 20% em relação ao real. Nesta variação, R$ 1 compraria US$ 0,40 na data 0, e depois, na data 1, o real passaria a comprar US$ 0,333. Com isso, o real depreciou-se, na data 1, 16,7% em relação ao dólar.

11. Qual a fórmula de relacionamento entre a taxa de valorização de uma moeda e a consequente taxa de desvalorização de outra moeda simultaneamente?

Demonstra-se a relação entre a taxa de valorização de uma moeda em relação à outra num período e a taxa de desvalorização (t_d) da segunda em relação à primeira nesse mesmo período da seguinte forma:

$$\frac{t_v}{t_d} = 1 + t_v$$

No caso do exemplo ilustrativo das perguntas 7 e 10 anteriores, a relação entre as duas taxas é:

$$\frac{t_v}{t_d} = \frac{20\%}{16,7\%} = 1,20 = 1 + 0,20$$

A taxa de valorização do dólar sobre o real é 20% superior à taxa de desvalorização do real em relação ao dólar, mesmo percentual da valorização do dólar.

12. Qual a maior das taxas de variação: de valorização da moeda ou da desvalorização correspondente da outra moeda?

Conforme se verifica pela fórmula de relacionamento entre as duas taxas, mostrada na pergunta 11, a maior taxa é sempre a da moeda que se desvaloriza. No exemplo, é a da valorização do dólar de 20%, acima da correspondente taxa de desvalorização do real de 16,7%.

13. Elaborar um quadro que permita comparar as taxas de valorização de uma moeda com as taxas correspondentes da desvalorização da outra moeda, em diversos níveis de ocorrência.

Moeda A que se valoriza (taxa de valorização)	Moeda B que se desvaloriza (taxa de desvalorização)
100%	50%
50%	33,3%
40%	28,6%
30%	23,1%
25%	20%
20%	16,7%
10%	9,1%
5%	4,76%

14. Qual a fórmula da taxa de rentabilidade referente a um determinado período de aplicação, de um capital externo, em outro país, medida na moeda do país de origem, sendo t_j a taxa de juros ou rentabilidade obtida no país de destino da aplicação, no mesmo período e sendo as taxas de câmbio de conversão da moeda de origem na moeda de destino C_0 (na data da aplicação, cotação de venda) e C_1 (na data de resgate, cotação de compra)?

A fórmula é:

$$r = \left[\frac{C_0 \, (1 + t_j)}{C_1} \right] \times 100$$

15. Exemplifique quanto ganhará em dólar um investidor norte-americano que aplicar US$ 1.000.000 no Brasil na data 0 em que a taxa de conversão era C_0 = R$ 2/US$, pelo prazo de um ano, à taxa de juros de um título brasileiro de 25% medida em real, tendo a taxa de câmbio ao final do período de aplicação se modificado para C_1 = R$ 3/US$?

Pela fórmula da pergunta 14 se calcula:

$$r = \left[\frac{C_0 \, (1 + t_j)}{C_1} \right] - 1 = \left[\frac{2,00 \, (1 + 0,25)}{3,00} \right] - 1 = -0,167 = -16,7\%$$

Se o investidor norte-americano resgatar a aplicação e repatriar os recursos correspondentes terá um prejuízo de 16,7% em dólar.

16. Qual a condição para que um investidor externo, aplicando seu capital em outro país, tenha taxa de rentabilidade em dólar idêntica à taxa de aplicação no país de destino?

O multiplicador da taxa de juros da aplicação externa no país receptor (1 + tj) deve ficar igual ao valor obtido pela multiplicação do multiplicador da taxa de rentabilidade do dólar no país de origem pela relação entre as taxas de câmbio no final e no início da aplicação.

17. Qual seria a resposta à pergunta anterior se nos EUA o investidor tivesse garantida a taxa de remuneração de $\bar{r}$ = 6% ao ano, e, no período de um ano, a previsão de valorização do dólar em relação à moeda do país da aplicação fosse de 10% (C_1/C_0 = 1,10)?

A taxa de juros da aplicação dos recursos externos em dólar no mercado receptor teria que ser de pelo menos:

$$tj = (1 + \bar{r})\frac{C_1}{C_0} - 1 = (1 + 0,10) \cdot 1,10 - 1 = 0,21 = 21\%$$

Aplicando em moeda local à taxa de 21%, descontando a valorização do dólar de 10%, o rendimento desse aplicador, medido em dólar, seria de 10%.

18. Qual deve ser a taxa de juros a vigorar em um país que necessita de divisas externas para atrair investidores estrangeiros que, com menor risco, podem aplicar seus recursos a taxas de juros menos elevados em seus países de origem?

A taxa de juros no país receptor correspondente ao rendimento desejado pelo aplicador externo $\bar{r}$ (taxa de juros do país de origem) mais uma taxa de *spread* de risco do país destinatário pode ser calculada pela fórmula:

$$tj = (1 + \bar{r})\frac{C_1}{C_0} - 1 = (1 + r_{ext} + r_{risco})\frac{C_1}{C_0} - 1$$

Exemplificando, se a taxa de aplicação nos EUA sem risco for de r_{ext} = 6% ao ano, e se o *spread* de risco que esse investidor quer correr ao aplicar no país de destino for r_{risco} = 6%, caso a previsão de valorização da moeda original do investidor para o período de um ano seja de 20% (o que representaria uma desvalorização de 16,7% da moeda do país-destino em relação ao país de origem), então a taxa de juros do país da aplicação teria que ser:

$$tj = (1 + r_{ext} + r_{risco})\frac{C_1}{C_0} - 1 =$$
$$tj = (1 + 0,06 + 0,06) \times 1,20 - 1 = 1,12 \times 1,20 - 1 = 0,344 = 34,4\%$$

19. Qual o ganho do comprador de um contrato de câmbio futuro, válido até uma determinada data futura fixada?

O comprador de um contrato futuro de câmbio de US$/R$ pode obter um ganho financeiro caso haja desvalorização do real em relação ao dólar até a data final fixada para validade do contrato. Se comprou dólar futuro na base de R$ 2,50/US$, e em data futura (antes da data final) a cotação do dólar para tais contratos passe a valer R$ 3/US$, quem comprou o contrato pode vendê-lo por

R$ 3/US$, ganhando a diferença financeira de R$ 0,50/US$, descontados as comissões e emolumentos referentes às operações de compra e venda do contrato.

20. Quem perde na operação de câmbio futuro, caso o real se desvalorize 16,7% (ou o dólar se valorizando 20%) no período, conforme a pergunta anterior?

Quem perde é o vendedor do contrato de câmbio futuro que, no exemplo, vendeu por R$ 2,50 na data inicial, e, em data futura (até a data final do contrato), teve que comprar esse contrato por R$ 3, encerrando sua posição vendedora em aberto. O prejuízo desse operador foi de R$ 0,50 por dólar do contrato da operação.

21. Quando a moeda nacional se valoriza em relação à moeda estrangeira, quem realiza uma operação de câmbio futuro com sucesso?

Quem obtém um resultado financeiro de sucesso é aquele que vendeu contrato de câmbio referente à taxa cambial entre essas moedas. Quem vendeu dólar futuro no instante em que ele valia R$ 3,00 em data futura, quando o real se valorizar para R$ 2,60, poderá encerrar sua posição futura comprando um contrato a esta última cotação, obtendo um ganho financeiro da diferença de R$ 0,40 por dólar.

22. É sempre certo um comprador ou um vendedor ganhar no mercado futuro?

Depende de sua escolha, baseada em intuição, conhecimento do mercado e das finanças internacionais e do país em que reside. Poderá perder se estiver na "mão errada" da compra, quando deveria estar na ponta de venda, ou vice-versa, conforme as circunstâncias do mercado cambial na Bolsa de Mercadorias & Futuros (BMF) onde se negociam contratos de câmbio futuro.

23. O que é uma operação de *hedge* (proteção) cambial?

É uma operação de compra ou de venda de contrato futuro de câmbio, conforme o caso desejado, para manter ou garantir um certo resultado desejado para um investidor, empresário ou produtor, que paralelamente têm operações físicas de venda ou de compra de mercadorias, produtos, títulos de crédito, vinculados à variação cambial e cujos resultados querem proteger. A base da questão é que as cotações da moeda estrangeira nos contratos de câmbio futuro acompanham os sentidos para cima e para baixo dos movimentos do câmbio à vista (*spot*).

24. Qual a base de raciocínio de quem realiza uma operação de *hedge*?

Para que haja proteção a um resultado estipulado para as operações efetuadas no mercado físico em que atua, o interessado realiza uma operação de câmbio futuro para proteção daquele resultado. Se ganhar resultado no câmbio futuro esse valor compensará o prejuízo que ocorrer a partir do valor estipulado no mercado físico. Ou, em outro caso oposto, se perder resultado no câmbio futuro, essa perda será compensada pela valorização incidente no mercado físico.

O resultado das duas operações simultâneas é praticamente nulo, fora as comissões e emolumentos envolvidos.

25. Como um agricultor ou um industrial exportador pode vender ao exterior sua produção, em data futura, mas a preço julgado adequado na data atual, segundo as cotações cambiais de hoje?

Se o produtor tem essa perspectiva é porque sente uma tendência de que irá acontecer uma valorização da moeda nacional, isto é, ele irá receber menos reais por dólar exportado futuramente. Dessa forma, para proteger seu resultado atual, mensurado a partir do nível da taxa cambial de hoje, julgada satisfatória, ele deve realizar uma venda de contrato futuro de câmbio. Se o dólar se desvalorizar efetivamente, ele ganha a diferença no período no resultado financeiro de mercado futuro, que contrabalança o prejuízo observado no mercado físico de suas vendas de mercadorias em data futura, com o real valorizado.

26. Como um importador de insumos, matérias-primas ou equipamentos pode se proteger para garantir o preço atual de importação a ser pago em data futura, quando a expectativa é de desvalorização cambial?

Para realizar um *hedge* para o preço atual de importação (em dólar), deve-se efetuar a compra de um contrato futuro de dólar. Se efetivamente houver a desvalorização do real, no mercado futuro esse importador terá lucro financeiro. Esse resultado positivo compensará aproximadamente o sobrepreço em reais que terá de pagar a mais, quando importar o insumo, a partir do nível fixado, de sorte que o resultado final do preço da importação seja aquele desejado inicialmente.

27. O que é um *hedge* natural em uma empresa que mantém relações econômico--financeiras com o exterior?

Uma empresa que ao mesmo tempo exporta e importa, toda ou parte de sua produção tem proteção natural contra as variações cambiais. Uma empresa que tem dívidas em dólares mas exporta parte de sua produção pode estar garantida se o valor das exportações a receber compensa o valor devido em moeda estrangeira.

28. Como se protege contra a variação cambial uma empresa que tem um financiamento em dólar?

Uma empresa com financiamento em dólar, esperando uma desvalorização da moeda nacional, relativamente ao dólar, deve comprar dólares ou contratos futuros de câmbio, caso não tenha disponibilidades para aplicação na moeda estrangeira. O volume de contratos de câmbio a comprar deve ser equivalente ao do financiamento externo existente se o objetivo for proteção total. Se acontecer efetivamente a desvalorização, o ganho financeiro atingido no mercado futuro irá compensar o aumento do saldo devedor em real decorrente da desvalorização dessa moeda em ralação ao dólar.

II- Simbologia e fórmulas básicas

Simbologia

C_0 = cotação da unidade de moeda A em relação a C_0 unidades da moeda B, na data 0 inicial

C_1 = cotação da unidade de moeda A em relação a C_1 unidades da moeda B, na data 1 posterior à data 0

t_v = taxa de valorização da moeda A em relação à moeda B que se deprecia ($C_1 > C_0$), entre as datas 0 e 1

t_d = taxa de desvalorização da moeda B em relação à moeda A que se aprecia ($C_1 > C_0$), entre as data 0 e 1, simultaneamente à valorização da moeda A

i_A = taxa de juros para aplicações financeiras na moeda A, no período compreendido entre as datas 0 e 1

i_B = taxa de juros para aplicações financeiras na moeda B, nos períodos 0 e 1

Fórmulas básicas

Sendo $C_1 > C_0$ (cotações de uma unidade da moeda A, que se valoriza, em relação à quantidade de moeda B que se deprecia).

Taxa de valorização (t_v), entre as datas 0 e 1, da moeda A (que se valoriza)

$$t_v = \frac{C_1 - C_0}{C_0} \text{ (em termos centesimais)}$$

Taxa de desvalorização (t_d) da moeda B (que se deprecia), no período 0 – 1

$$t_d = \frac{C_1 - C_0}{C_0} \text{ (em termos centesimais)}$$

Relações entre as taxas de valorização (t_v) da moeda que se aprecia e de desvalorização (t_d) da moeda que se deprecia:

$$\frac{t_v}{t_d} = 1 + t_v \qquad (t_v > t_d)$$

ou

$$t_v = \frac{t_d}{1 - t_d}$$

ou

$$t_d = \frac{t_v}{1 + t_v}$$

Taxa de rentabilidade, entre as datas 0 e 1, de um aplicador com recursos originários da moeda A, que os aplica no país da moeda B, à taxa de juros i_b no período, com a rentabilidade (i) medida em moeda do país A:

$$i = \frac{C_0 + i_b \cdot C_0 - C_1}{C_1} \text{ (em termos centesimais)}$$

Obs.: A rentabilidade final i deve ser comparada com a taxa de juros i_a do país de origem A para saber se foi vantajosa a aplicação do capital no exterior, no país B.

III- Aplicações em destaque

O próprio texto das questões-chave deste capítulo ilustra exemplos fundamentais resolvidos sobre a matéria em apreço.

A seguir apresentam-se diversos exercícios resolvidos e a resolver complementares.

1) Na data 0, a taxa cambial entre real e dólar era US$ 1 = R$ 2,70. Em data 1 subsequente, a taxa cambial variou para US$ 1 = R$ 3 com desvalorização do real (e consequente valorização do dólar). Pede-se:

1º) As quantias em reais que terá, nas duas datas, um investidor estrangeiro com US$ 600.000 na data 0.

2º) A quantia em dólar que terá esse investidor estrangeiro na data 1 se transformar seu dinheiro de real para dólar.

3º) A taxa de valorização do dólar sobre o real, da data 0 para a data 1.

4º) A taxa de desvalorização do real, entre as datas 0 e 1.

Resolução

1º) Na data 0, US$ 600.000 correspondem a US$ 600.000 . R$ 2,70/US$ = R$ 1.620.000.

Na data 1, mantendo esse valor, o investidor terá R$ 1.620.000 sem aplicação financeira.

2º) Na data 0, o investidor estrangeiro aplicou no Brasil US$ 600.000. Na data 0 e data 1, esse investidor terá R$ 1.620.000 (sem aplicação dessa quantia). Na data 1, transformando R$ 1.620.000 para dólar, na taxa de US$ 1 = R$3, esse investidor terá de volta R$ 1.620.000 ÷ R$ 3/US$ = US$ 540.000

Obs.: US$ 60.000 a menos do que na data da aplicação, devido à desvalorização de real no período, ou seja, – 10% do valor aplicado em dólar.

3º) A taxa de valorização do dólar, entre as datas 0 e 1 foi:

$C_0 \rightarrow$ US$ 1 = R$ 2,70
$C_1 \rightarrow$ US$ 1 = R$ 3,00

$$t_v = \frac{C_1 - C_0}{C_0} = \frac{3,00 - 2,70}{2,70} = \frac{0,30}{2,70} = 0,111 = 11,1\%$$

4º) A taxa de desvalorização do real entre as datas 0 e 1 foi:

$$t_d = \frac{C_1 - C_0}{C_0} = \frac{3,00 - 2,70}{3,00} = \frac{0,30}{3,00} = 0,10 = 10,0\%$$

Essa taxa de 10% foi exatamente da renda em dólar daquele investidor.

2) Um investidor europeu aplicou € 10.000.000 no mercado norte-americano pelo período de um ano, ganhando uma taxa líquida de 8% em dólar.

Na data da aplicação, € 1 valia US$ 1,28 e na data final de resgate, após a valorização verificada do euro (relativamente ao dólar), a taxa de conversão atingiu € 1 = US$ 1,33. Pergunta-se:

1º) Qual o ganho percentual em euros desse aplicador, retornando a essa moeda na data final da aplicação nos EUA?

2º) Qual a taxa de valorização do euro?
3º) Qual a taxa de desvalorização do dólar em relação ao euro, no período?

Resolução

1º) Na data 0, o investidor europeu aplicou nos EUA € 1.000.000, o que correspondia a € 1.000.000 × US$ 1,28/ € = US$ 1.280.000.
Na data 1, após aplicar aquele principal à taxa de 8%, em dólar, resgatou da aplicação: 1,08 × US$ 1.280.000 = US$ 1.382.400.
Na data 1, transformando seu montante de dólar para euro, à taxa de US$ 1,33/ € , o

investidor europeu retorna à Europa com $\dfrac{US\$ 1.382.400}{US\$ 1,33/ €} = € 1.039.398,50.$

Entre as datas 0 e 1 ganhou apenas € 39.398,50 (1.039.398,50 – 1.000.000) ou

$$\frac{39.398,50}{1.000.000} = 3,94\%$$

2º) Taxa de valorização do euro:
C_0 = US$ 1,28/€
C_1 = US$ 1,33/€

$$t_v = \frac{C_1 - C_0}{C_0} = \frac{1,33 - 1,28}{1,28} = \frac{0,05}{1,33} = 0,0391 = 3,91\%$$

3º) taxa e desvalorização do dólar:

$$t_d = \frac{C_1 - C_0}{C_0} = \frac{1,33 - 1,28,70}{1,33} = \frac{0,05}{1,33} = 0,0376 = 3,76\%$$

3) Se nas condições do exercício anterior, um investidor norte-americano com US$ 1.000.000 aplicasse em euros, entre a data 0 e data 1, ganhando ainda 6% numa aplicação europeia nesse período, com quantos dólares retornaria aos EUA na data 1? Qual teria sido a sua taxa de rentabilidade (em dólar)?

Resolução

Na data 0, a aplicação de US$ 1.000.000 corresponde a:

$$\frac{US\$ 1.000.000}{1,28\ US\$/€} = € 781.250$$

Essa quantia em euros aplicada no período entre as datas 0 e 1, a juros de 6%, rendeu um montante de:

1,06 × € 781.250 = € 828.125

Transformando esse montante de euros para dólares, na data 1, à taxa de 1,33 US$/ €, resulta a quantia:

€ 828.125 . US$ 1,33/ € = US$ 1.101.406,25

O ganho do investidor americano foi de US$ 101.406,25 (US$ 1.101.406,25 – US$ 1.000.000) ou ainda:

$$\frac{US\$\ 101.406,25}{US\$\ 1.000.000} = +\ 10,14\%$$

Obs.: O aplicador do país da moeda que se desvaloriza, investindo no país da moeda que se valoriza, ganha o juro interno desse último país mais a taxa de valorização dessa moeda.

4) Refazer o exercício 3, admitindo que o euro permanecesse na data 1 com a mesma taxa de US$ 1,28/ € da data 0 da aplicação.

Resolução

O investidor norte-americano só ganharia em dólar 6% no período, à taxa de juros ganha na Europa.

5) Nos EUA pode-se aplicar capital à taxa de 4% em um ano. No Brasil a taxa de aplicação de dinheiro é de 12% em um ano.

Na data 0, a taxa cambial vigente é de US$ 1 = R$ 3,30. Pergunta-se, qual deve ser a taxa cambial entre dólar e real, um ano depois da data 0, para um capitalista brasileiro aplicando seu principal nos EUA e retornando ao Brasil com uma taxa de rentabilidade de 20% no período, em reais.

Resolução

Na data 0, R$ 1 é transformado em $\dfrac{1}{3,30}$ = US$ 0,303 para aplicação nos EUA.

Na data 1, US$ 0,303 aplicado na data 0, rendendo 4%, gera um montante de:
1,04 . US$ 0,303 = US$ 0,31512.

Para que, na data 2, os dólares aplicados nos EUA, convertidos em real, produzam uma valorização de 20% em real devem equivaler a R$ 1,20.

Dessa forma a taxa de conversão deverá ser US$ 0,31512 para R$ 1,20

$$\text{ou } US\$ \, 1 = \frac{R\$ \, 1,20}{0,31512} = R\$ \, 3,81$$

6) No caso do exercício anterior, se o real tivesse valorizado 15% sobre o dólar, entre as datas 0 e 1, quanto teria perdido, em real, o investidor brasileiro (percentualmente)?

Resposta

– 5,46%

7) Um exportador brasileiro vende ao exterior sua produção, obtendo US$ 10.000.000 em determinado ano em que a taxa de câmbio média foi de R$ 2,85/US$. Sua margem obtida em real sobre os custos dos produtos exportados era então de 1,60 (relação entre a receita da exportação e os custos respectivos).
No ano seguinte, houve desvalorização de 10% do real e os custos internos aumentaram 6%. Vendendo a mesma quantidade ao exterior, qual a nova margem obtida por esse exportador?

Resolução

A receita do exportador, em reais, foi de US$ 10.000.000 . R$ 2,85/US$ = R$ 28.500.000.
O custo dos produtos exportados, na relação de margem 1,60, foi de:

$$\frac{R\$ 28.500.000}{1,60} = R\$ \, 17.812.500$$

Com a desvalorização do real (t_d) em 10%, a taxa de valorização do dólar (t_v) foi de 11,1%.

$$\left(\text{observar que: } t_d = \frac{t_v}{1+t_v} \text{ ou } tv = \frac{t_d}{1+t_d} \right)$$

Consequentemente a receita de exportação em real, no ano seguinte, foi 11,1% maior do que no ano anterior (percentual igual ao da valorização do dólar sobre o real): R$ 28.500.000 . 1,111 = R$ 31.663.500.

O custo dos produtos exportados, com inflação de 6% sobre o ano anterior, terá o valor de: 1,06 × R$ 17.812.500 = R$ 18.881.250.

Então a relação entre receita e custo ficará:

$$\frac{R\$ \ 31.663.500}{R\$ \ 18.881.250} = 1,68$$

8) A desvalorização do real em relação ao dólar, em determinado período, foi de 15%. Qual foi a taxa de valorização do dólar sobre o real nesse período?

Resolução

C_0 = taxa de conversão de US$ 1 em real na data 0.
C_1 = taxa cambial, na data 1.

Taxa de desvalorização do real (t_d):

$$t_d = \frac{C_1 - C_0}{C_0} = 0,15$$

$$\frac{C_1 - C_0}{C_0} = 0,15$$

$$0,85 \ C_1 = C_0$$

$$\frac{C_1}{C_0} = \frac{1}{0,85}$$

$$t_v = \frac{C_1 - C_0}{C_0} = \frac{1,00 - 0,85}{0,85} = \frac{0,15}{0,85} = 0,1765 = 17,65\%$$

Aplicada diretamente a fórmula da taxa de valorização:

$$t_v = \frac{t_d}{1 - t_d} = \frac{0,15}{1,00 - 0,15} = \frac{0,15}{0,85} = 0,1765 = 17,65\%$$

9) Para uma valorização cambial de 20% entre duas moedas, qual a taxa de desvalorização da moeda que se deprecia?

Resposta

16,67%

10) Para uma desvalorização cambial de 30% de uma moeda, qual a taxa de valorização da outra moeda dessa relação?

Resposta

42,86%

11) Um investidor norte-americano percebendo que no 2º semestre de 2002 com a cotação de US$ 1 a R$ 3,90, a moeda brasileira estaria superdepreciada, resolveu investir US$ 10 milhões em títulos brasileiros. Para o investidor americano o câmbio adequado seria de US$ 1 = R$ 2,70. Subsequentemente houve progressiva valorização do real, e no final do ano de 2004 a cotação do dólar chegou a descer na faixa de R$ 2,70 a R$ 2,75. Esse investidor resgatou o global de sua aplicação, tendo obtido em reais uma taxa de 25% no período total e remeteu o valor resgatado para os EUA na taxa cambial de R$ 2,73/US$. Se tivesse deixado de aplicar no Brasil teria ganho no máximo 12% em dólar nesse período. Pergunta-se:

1º) Quanto ganhou em dólar no período?
2º) Qual o montante de capital com o qual retornou aos EUA no final de 2004?

Resposta

1º) + 59,44%
2º) US$ 17.857.142,86

12) Com referência ao exercício anterior, qual a taxa de câmbio (C_1) no final de 2004 em que o investidor transportando seu montante de real para dólar teria ganho uma taxa de rentabilidade tripla daquela que teria obtido aplicando em dólar, nos EUA, no período focalizado?

Resposta

US$ 1 = R$ 3,585

13) Referindo-se ainda ao exercício 11, qual seria a taxa cambial no final de 2004 que tornaria o ganho em dólar do investidor norte-americano, via aplicação no Brasil, ganhar uma remuneração equivalente àquela que obteria no mercado norte-americano (12% no período)?

Resposta

US$ 1 = R$ 4,35

14) Para o investidor norte-americano perder US$ 1.000.000 na aplicação feita no Brasil, conforme dados do exercício 11, qual foi a desvalorização do real, desde 2002 até final de 2004?

Resposta

28,04%

15) Ainda com referência ao exercício 11, para o investidor norte-americano ter retornado aos EUA com o montante igual à quantia aplicada de US$ 10.000.000, qual seria a taxa cambial real/US$ ao final de 2004? Qual a taxa de desvalorização do real ocorrida no período?

Resposta

1º) US$ 1 = R$ 4,875
2º) 20%

17

Sobre taxas de juros brutas e líquidas

Objetivos

Nesta parte das exposições, procura-se apresentar as diferenciações existentes entre taxas brutas e taxas líquidas de aplicação de capitais, especificamente tratando de:

❑ conceitos básicos sobre a questão;
❑ incidência de impostos, taxas, comissões e despesas iniciais ou finais sobre as aplicações;
❑ cálculos de taxas simples, brutas e líquidas;
❑ cálculos de taxas internas de retorno, brutas e líquidas.

I- Questões-chave sobre taxas de juros brutas e líquidas

1. Qual a diferença entre uma taxa de juros bruta e uma taxa de juros líquida?

Uma taxa de juros referenciada às características básicas de uma operação financeira, sem considerações sobre os impostos ou despesas fiscais incidentes, é caracterizada como taxa de juros bruta. Caso se retirem os efeitos dos impostos e despesas incidentes, no início, meio ou final da operação financeira, as taxas de juros calculadas são ditas taxas líquidas.

2. Qual a taxa de juros líquida de uma operação cujo imposto de renda incide sobre os juros da operação na época do resgate final?

Os juros líquidos recebidos são os juros brutos descontados do imposto de renda final. A taxa líquida de juros será então a taxa bruta vezes o fato $(1 - a)$ onde a é a taxa centesimal do imposto de renda incidente.

$$i_L = (1 - a) \cdot i_B$$

onde:

i_L = taxa de juros líquida

i_B = taxa de juros bruta

No caso de uma operação em que a taxa do imposto de renda da aplicação for de 20%, incidente na data do resgate da aplicação, sendo a taxa bruta de rendimento igual a 1% no mês, a taxa líquida será de $(1 - 0,20) \times 1\% = 0,8\%$ ao mês.

Em geral é negociada a taxa de juros bruta.

3. No caso de o imposto de renda incidir inicialmente na época da aplicação do capital, qual a taxa de juros líquida (i_L), a partir de uma conhecida taxa de juros bruta (i_B)?

A fórmula de cálculo da taxa de juros líquida é:

$$i_L = \frac{(1 - a) \cdot i_B}{1 + a \cdot i_B}$$

onde:

a = taxa do imposto de renda pré-incidente

i_B = taxa de juros bruta (centesimal)

Fazendo-se o cálculo para $a = 20\%$, e a taxa bruta de juros de 1% ao mês, a taxa líquida é:

$$i_L = \frac{(1 - 0,20) \cdot 0,01}{1 + 0,20 \cdot 0,01} = 0,00798$$

4. Se a mesma taxa de imposto de renda de uma aplicação financeira de resgate único incidir sobre os juros da operação no resgate ou se for calculada e cobrada no início da operação, para uma mesma taxa de juros bruta nos dois casos, qual a aplicação de maior taxa de juros líquida?

Conforme se ilustrou pelas fórmulas e exemplos das perguntas 2 e 3 anteriores, a aplicação de imposto de renda final, postecipado para incidir na ocasião do resgate, é a que tem a maior taxa de juros líquida. Quanto maior for a alíquota (a) do imposto de renda, ou quanto maior for a taxa bruta (i_B) da aplicação, tanto menor será a taxa de juros líquida quando houver incidência inicial do imposto de renda, em relação ao caso da sua incidência no resgate final.

5. Como se calcula a taxa de juros líquida de uma aplicação de renda periódica, com incidência inicial do imposto de renda?

Conhecida a taxa de juros bruta da operação, a partir da qual se calculam as prestações de resgate periódico da aplicação inicial, tem-se condição de calcular o valor do imposto de renda a ser cobrado inicialmente em adição ao valor aplicado no esquema financeiro. A partir do valor efetivo aplicado (principal financeiro mais o imposto de renda cobrado inicialmente), pode-se então calcular a taxa efetiva líquida do esquema financeiro, que tem as prestações de resgate já conhecidas.

6. Exemplifique um caso de aplicação com renda periódica e imposto de renda total incidente na data inicial da aplicação, identificando a respectiva taxa de juros líquida?

Seja o caso de um investidor que aplica $ 100 em um esquema financeiro quatro meses, com quatro resgates mensais constantes de $ 25,94/mês (o primeiro no fim do 1º mês) sendo a taxa bruta de 1,5% ao mês. Sendo a taxa do imposto de renda de 20%, o valor do imposto total cobrado inicialmente é de 20% (4 × 25,94 − 100) = 20% (103,78 − 100) = $ 0,7560.

Dessa forma, o valor desembolsado inicialmente pelo aplicador é de $ 100 + $ 0,7560 = $ 100,7560.

O fluxo de caixa do aplicador será, então,

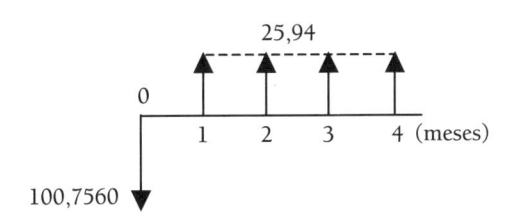

A taxa de juros líquida da operação será, então, a TIR desse fluxo de caixa, ou seja, 1,1856% ao mês (inferior à taxa de juros bruta de 1,5% fixada pela instituição financeira).

7. Exemplifique um caso em que o imposto de renda é cobrado ao longo das prestações de resgate da aplicação financeira e apresente o cálculo da taxa de juros líquida correspondente.

No caso da pergunta 6, de aplicação inicial de \$ 100 à taxa bruta de juros de 1,5% a.a., a prestação de resgate é de \$ 25,94 ao longo de quatro meses. De cada prestação será cobrada parcela do imposto de renda: 25% do imposto total de \$ 0,7560, ou seja, 0,7560 ÷ 4 = \$ 0,1890. O investidor receberá a prestação líquida de imposto de \$ 25,94 − \$ 0,1890 = \$ 25,7510.

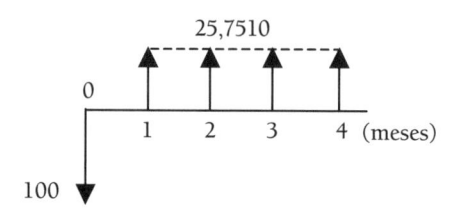

A taxa de juros líquida da operação é a taxa interna de retorno desse *cash flow*, ou seja, 1,1945% ao mês.

8. Qual é a taxa de juros líquida de um aplicador em debêntures que compra por \$ 95 títulos cinco anos antecipadamente ao seu resgate de valor de face \$ 100. Esse título paga periodicamente um cupom-rendimento de \$ 10/ano. Sobre o valor de cada cupom e na data final de resgate sobre o ganho de capital (diferença entre o valor de resgate e o valor inicial da compra) incide imposto de renda com alíquota de 20%.

O *cash flow* do aplicador, se não houvesse imposto de renda, seria o seguinte, permitindo conhecer a taxa de juros bruta efetiva de 11,37% a.a. (TIR do *cash flow*).

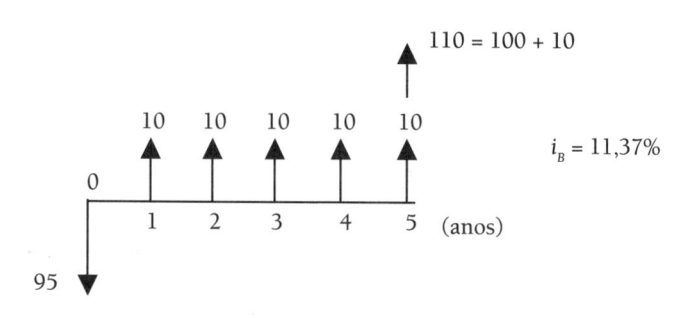

O imposto de renda incidente sobre cada cupom de $ 10 é de $ 2. Sobre o resgate final do título incide o imposto de renda sobre o ganho de capital de $ 5 = $ 100 (valor de resgate) − $ 95 (valor inicial pago pelo título), ou seja, 20% de $ 5 = $ 1.

O fluxo de caixa líquido do aplicador é, então:

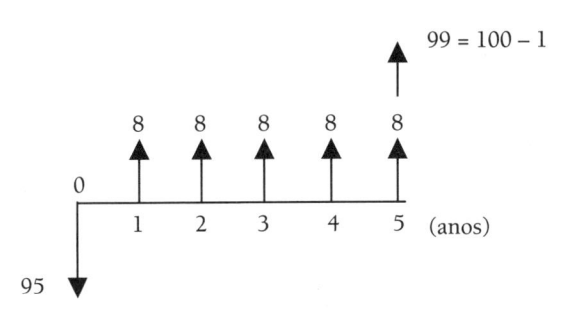

A taxa interna de retorno desse fluxo de caixa do aplicador é a taxa de juros líquida de 9,12% ao ano.

9. O que é a taxa interna de retorno bruta de um investimento?

É a taxa de juros composta que torna igual a zero o valor presente do fluxo de caixa projetado referente ao investimento. Nesse fluxo devem ser consideradas como entradas líquidas de caixa a geração ampla de caixa ou LADJIR (lucro antes da depreciação, dos juros e do imposto de renda, também conhecido como o EBITDA – *earning before interest, taxes, depreciation and amortization*).

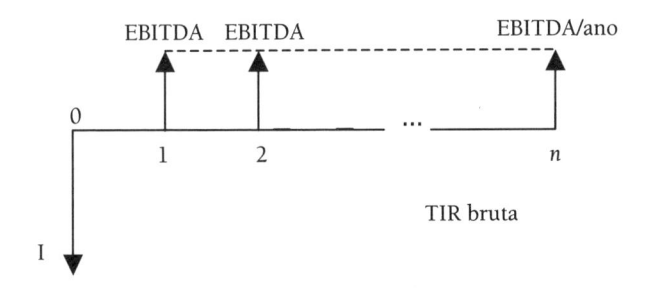

10. O que é a taxa de rentabilidade interna líquida de um investimento?

É a taxa de juros composta que torna igual a zero o valor presente líquido (VPL) do fluxo de caixa projetado referente ao investimento. Nesse fluxo, as entradas líquidas de caixa em cada período são os valores dos *cash flows* básicos de cada ano, constituídos pelos lucros líquidos mais os custos e despesas de depreciação inseridos nos custos e despesas totais. Os *cash flows* básicos também podem ser obtidos de renda, não existindo despesas financeiras relativas a financiamentos eventualmente contatados para cobertura de parte do investimento.

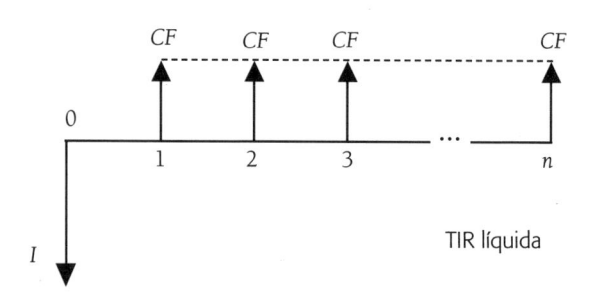

Definições:
CF = *cash flow* básico anual = lucro líquido + custo e despesa de depreciação + despesa de amortização de diferidos
CF = receitas menos custos sem depreciação e amortização de diferidos menos despesas sem depreciação e sem despesas financeiras, subtraindo-se ainda os impostos de renda

II- Aplicações em destaque

1) Qual a taxa líquida de uma aplicação à taxa bruta de 25% ao ano, sujeita a imposto de renda final sobre o ganho bruto na base da alíquota de 20%?

Resposta

20% a.a.

2) Qual a taxa bruta que corresponde a uma taxa líquida de aplicação financeira de 16,5%, sendo de 20% a alíquota do imposto de renda incidente no final da aplicação?

Resposta

20,625%

3) Qual a taxa líquida de uma aplicação que renda, em termos brutos, 22% ao ano, se a alíquota do imposto de renda for de 20% e incidir inicialmente sobre a aplicação?

Resposta

16,86%

4) No caso do exercício 3 se o imposto de renda fosse incidente no final da aplicação, qual teria sido a taxa líquida?

Resposta

17,60%

5) Um investimento numa fábrica ao longo de 10 anos, com um investimento inicial de 1.000 M, sendo 900 M de ativos imobilizados (portanto, depreciáveis à taxa de 10% a.a.) e 100 M de capital de giro, tem uma taxa interna de retorno bruta de 21% a.a., entradas líquidas de caixa anuais constantes. Sendo a taxa de imposto de renda de 30%, qual é a taxa interna de retorno líquida desse investimento? Fornecer, ainda, lembrando que no último ano o valor residual do ativo imobilizado é zero e haverá a recuperação do investimento em capital de giro:

a) o valor da entrada de caixa bruta
b) o valor da depreciação anual a ser deduzida para cálculo do imposto de renda anual
c) o valor do imposto de renda anual
d) o valor da entrada de caixa líquida após o imposto de renda (anos 1 ao 9)
e) entrada de caixa líquida no 10° ano
f) a taxa interna de retorno líquida

Resposta

a) 243,0 M
b) 90,00 M
c) 45,90 M
d) 197,10 M
e) 297,10 M
f) 15,35% a.a.

18

Sobre aplicações em ações

Objetivos

Este capítulo visa ilustrar, com exemplos marcantes e perguntas-chave, os cálculos dos rendimentos das aplicações em ações. Os pontos abordados são:

- ❏ o dividendo como remuneração parcial das aplicações;
- ❏ a valorização da cotação da ação nas bolsas de valores como principal mecanismo de incremento de valor das aplicações dos investidores em renda variável (ações);
- ❏ as operações de *split* e concentração de ações;
- ❏ as operações de emissão de bonificações e seus efeitos na rentabilidade do investidor;
- ❏ as operações de subscrição de novas ações, a preços combinados, e seus efeitos na taxa de rentabilidade do aplicador em ações;
- ❏ os fluxos de caixas e suas taxas internas de retorno em diversos tipos de operações com ações, como os citados anteriormente;
- ❏ os efeitos das cobranças de comissões, emolumentos e imposto de renda nas aplicações em ações na rentabilidade da aplicação.

I- Questões-chave sobre aplicações em ações

1. Quais os dois tipos de rendimentos que um aplicador em ações obtém por seu investimento?

Os ganhos de um investidor em ações se originam dos dividendos periódicos distribuídos a partir dos lucros líquidos obtidos pela empresa e das valorizações das cotações das ações nos pregões das bolsas de valores.

2. Qual desses rendimentos – dividendos ou valorização das ações – são mais relevantes?

Em mercados de ações ascendentes, normalmente as valorizações das ações superam significativamente os valores dos dividendos distribuídos. Quando o mercado cai, o rendimento dos acionistas se reduz aos dividendos. Entretanto, nas ações de empresas com prejuízos não há distribuição de dividendos.

3. Os dividendos das ações são taxados pelo imposto de renda?

Os lucros das empresas são taxados pelo imposto de renda. O lucro líquido final obtido depois do imposto de renda é base para distribuição do dividendo dos acionistas. No pagamento dos dividendos por parte da empresa, e como rendimentos das pessoas físicas ou jurídicas os dividendos não são taxados pelo imposto de renda. Caso o fossem, haveria incidência de dupla tributação.

4. O que é a relação entre o *payout* e a distribuição de lucro de uma empresa?

O *payout* de uma ação é a relação entre o dividendo distribuído e o lucro líquido correspondente.

5. Existe *payout* mínimo na legislação das sociedades anônimas brasileiras?

Pela Lei das Sociedades Anônimas há obrigatoriedade dessas companhias distribuírem no mínimo 25% do lucro líquido ajustado (lucro líquido menos parcela de formação da reserva legal menos formação da reserva de lucros não realizados).

6. Quem decide o nível de *payout*?

A distribuição ou retenção do lucro é decidida na Assembleia Geral dos Acionistas, levando em conta o interesse dos acionistas, os limites legais e as necessidades de recursos a serem retidos para reforço dos recursos destinados aos investimentos definidos.

7. Qual a fórmula do ganho de um investidor pela valorização de suas cotações?

Sendo C_0 a cotação pela qual um lote de ações é comprado na data 0, e C_1 a cotação de venda desse lote em data futura 1, a taxa de valorização bruta é:

$$t = \left(\frac{C_1}{C_0} - 1\right) . 100\% \quad \text{(em percentagem)}$$

8. Há incidência de imposto de renda na valorização de ações?

Na venda de ações, havendo ganho patrimonial, diferença entre o valor da venda e o valor de compra, há incidência atual de imposto de renda de 20%. Até o ano de 2001 essa incidência foi de 10%. Quem comprou ações antes de 2002, e vendeu essas ações em 2002, 2003 etc. terá o imposto de renda sobre valorização obtida até final de 2001 com alíquota de 10%, somando-se o imposto sobre valorização que ocorrer daí em diante com alíquota de 20%.

9. Qual o fluxo de caixa referente à aplicação de um investidor em ação, comprando na data 0 por C_0, recebendo dividendo d em data intermediária 1 e vendendo todas as ações na data 2 por C_2?

É o seguinte (sem considerar o imposto de renda):

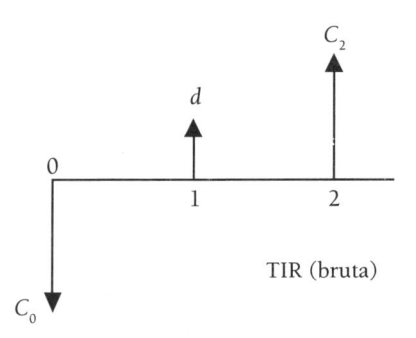

10. Qual a taxa interna de retorno bruta do investimento em ações, conforme pergunta anterior?

A taxa interna de retorno bruto é aquela referente ao *cash flow* indicado na pergunta anterior.

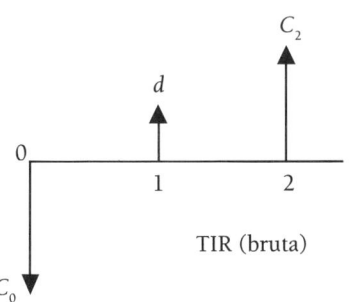

11. Qual a taxa interna de retorno líquida do investimento referente à pergunta 9?

A taxa interna de retorno líquida é aquela referente ao seguinte *cash flow*:

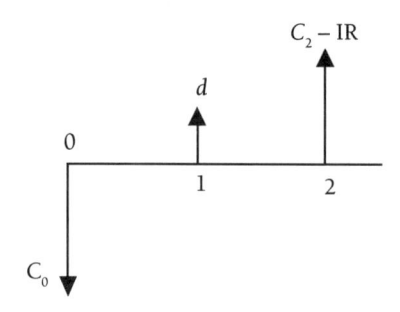

O imposto de renda (IR) é o valor calculado como 10% ou 20% sobre a diferença positiva $(C_2 - C_0)$ entre os valores de venda e de compra das ações.

Na realidade, o pagamento do imposto de renda sobre o ganho de capital nas vendas de ações pode ser pago até o último dia do mês seguinte ao da operação de venda.

12. O que é o *dividend yield* de uma ação?

É a relação entre valor do dividendo por ação e o preço da ação nas bolsas de valores.

13. Como um investidor pode adquirir ações?

De duas maneiras. Primeiramente, no mercado secundário, nas bolsas de valores onde compradores adquiram ações dos investidores que estão vendendo suas posições. Em segundo lugar, quando há operação de emissão de novas ações por uma empresa. Trata-se de um caso de aquisição no mercado primário de emissões de capital, por uma empresa aberta, com essa operação registrada na Comissão de Valores Mobiliários (CVM). Um novo investidor está adquirindo um lote de ações novas, cujo direito de subscrição de novas ações os acionistas da empresa, por lei, têm direito a subscrever o número de novas ações proporcional à sua percentagem atual de participação no capital da empresa, nas condições de subscrição definidas pela assembleia dos acionistas.

14. Elaborar o fluxo de caixa de um investidor em ações, que compra, na data atual 0, n_0 ações pela cotação unitária C_0, recebe dividendos na data 1 no valor

$d_1(n_0$ ações x valor do dividendo por ação dpa), subscreve N novas ações na data 2 ao preço de subscrição unitário Os e vende na data 3 final $(n + N)$ as ações de sua carteira pela cotação unitária C_3.

O *cash flow* desse investidor em ações é:

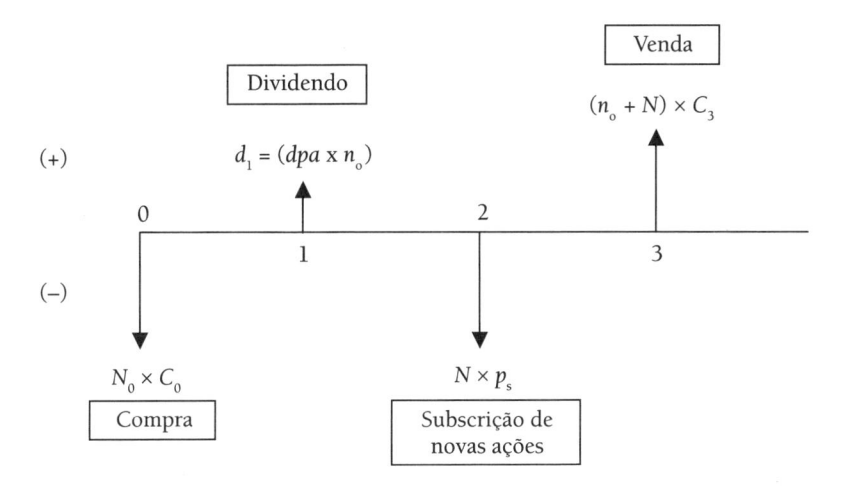

Evolução do número de ações:

Data 0: n_0

Data 1: n_0

Data 2: $(n_0 + N)$ após subscrição

Data 3: $(n_0 + N)$ antes da venda; zero após a venda total

15. Qual a nova cotação da ação de uma companhia que desmembra o número de ações na proporção N/1 (N novas ações para 1 antiga)?

Sendo C_0 a cotação antes do desmembramento (*split*) e C_1 a cotação após essa operação, a relação de equilíbrio inicial entre essas duas cotações é:

$$C_1 = \frac{C_0}{N}$$

16. Quando a empresa distribui bonificações (novas ações correspondentes a aumento do capital social por incorporação de reservas e lucros acumulados) na proporção de b novas ações por a ações antigas, como deve variar a cotação dessas ações na bolsa de valores?

Sendo C_0 a cotação antes da bonificação, e C_1 a cotação ex-bonificação, haverá a relação entre elas no equilíbrio inicial das cotações:

$$C_1 = \frac{C_0}{1 + \frac{b}{a}}$$

17. Após a distribuição do dividendo, como deve ser a cotação ex-dividendo C_1, em relação a cotação C_0 anterior (com direito a receber o dividendo)?

A cotação ex-dividendo C_1 será:

$$C_1 = C_0 - dpa$$

onde:
dpa = dividendo por ação distribuído

18. Qual a nova cotação de equilíbrio de uma ação após haver uma subscrição na relação de s/1 (s novas ações para cada 1 antiga) ao preço unitário de subscrição Os, sendo C_0 a cotação antes da operação?

Sendo C_1 a cotação de equilíbrio ex-subscrição, a relação de equilíbrio é:

$$C_1 = \frac{C_0 + s \cdot p_s}{1 + s}$$

Obs.: A lógica por trás da dedução da fórmula deste cálculo é que o valor de uma ação (C_0) mais o que o acionista tem que gastar para exercer seu direito de subscrição ($s \cdot Os$) deve ser equivalente ao valor das ações possuídas após a subscrição: $C_1 \cdot (1 + s)$.

19. Exemplifique o caso de subscrição de novas ações na proporção s: 2/3 (duas novas a subscrever para três antigas) ao preço unitário, p_s = 8,00/ação. A cotação ex-direito de subscrição flutuava em torno de C_0 = 9,00/ação antes da operação de subscrição.

A cotação ex-subscrição C_1 deve ficar em:

$$C_1 = \frac{C_0 + s \cdot p_s}{1 + s} = \frac{9,00 + \frac{2}{3} \times 8,00}{1 + \frac{2}{3}} = \frac{14,33}{1,67} = 8,58$$

II- Aplicações em destaque

1) Um investidor compra ações da Usiminas, na data 0, por R$ 44 cada ação. Na data 1 seguinte, consegue vender todo o seu lote comprado, na cotação de R$ 53,50. Qual a taxa de rentabilidade bruta obtida? Desprezar comissões e emolumentos.

Resolução

Valor pago na compra (data 0): R$ 44,00
Valor recebido na venda (data 1): R$ 53,50
Valor ganho por ação: R$ 53,50 – R$ 44,00 = R$ 9,50

Taxa de rentabilidade: $\dfrac{R\$\ 9,50}{R\$\ 44,00}$ = 21,59% (no período entre as datas 0 e 1)

$$\frac{R\$\ 3,70}{R\$\ 49,80} = 7,43\%$$

3) Um investidor compra um lote de ações da empresa X por R$ 81/ação (data 0). Após determinado prazo, na data 1, vende 100% desse lote por R$ 107,50. Nas datas 0 e 1 o Índice Bovespa era, respectivamente, 12.505 e 12.808. Pede-se calcular o ganho do investidor nas ações da empresa X em relação ao ganho médio de mercado (representado pela variação do Ibovespa).

Resolução

Ganho nominal relativo do investidor na empresa X:

$$\frac{R\$\ 107,50 - R\$\ 81}{R\$\ 81} = \frac{R\$\ 26,50}{R\$\ 81} = 32,72\%$$

Variação nominal relativa do Ibovespa:

$$\frac{12.808 - 12.505}{12.505} = \frac{303}{12.505} = 2,42\%$$

O ganho percentual relativo ao desempenho do Ibovespa é, então:

$$\frac{1,3273}{1,0242} - 1 = 0,2959 = 29,59\% \text{ acima do Bovespa}$$

4) Um investidor compra 10.000 ações da ação Y em bolsa, pela cotação média de R$ 25,75/ação, na data 0. Na data 1, a empresa concede uma bonificação de 100% em ações para todos os acionistas. A cotação em bolsa se ajusta a essa nova configuração do capital de Y, caindo a metade a cotação das ações negociadas ex--direitos. O investidor recebe suas ações bonificadas, retendo em carteira até uma data futura 2, quando vende toda sua carteira pelo preço médio de R$ 18,20. Pergunta-se, qual foi a rentabilidade obtida por esse investidor? Desprezar comissões e emolumentos.

Resolução

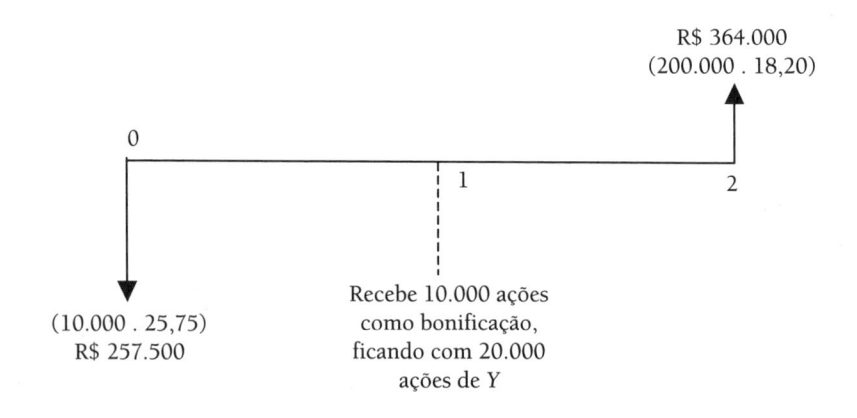

O ganho do investidor é de:
R$ 364.000 – R$ 257.500 = R$ 106.500

O ganho relativo é de:

$$\frac{R\$106.500}{R\$250.750} = 42,48\%$$

5) Um investidor comprou 50.000 ações da Acesita, na data 0, pelo preço unitário de R$ 2,80 mais comissões e emolumentos no aproximado de 0,5% da compra. Na data 1 posterior vendeu todo o lote por R$ 3,35 cada ação, pagando comissões e emolumentos da ordem de 0,5% da receita. Qual a taxa de ganho líquido desse investidor? Quanto pagará de imposto de renda calculado na base de 20% sobre o lucro da transação?

Resolução

1. Valor total da compra das ações (data 1)

Ações : 50.000 . 2,80 =	R$ 140.000,00
Comissões e emolumentos (0,5%) =	R$ 700,00
	R$ 140.700,00

2.Valor líquido da venda das ações (data 1)

Ações : 50.000 . 3,35 =	R$ 167.500,00
Comissões e emolumentos (0,5%) =	(R$ 837,50)
	R$ 166.662,50

3. Ganho líquido da transação (sem contar o imposto de renda)

R$ 166.662,50 − R$ 140.700,00 = R$ 25.962,50
ou
R$ 25.962,50/R$ 140.700,00 = 18,45%

4. Imposto de renda sobre o lucro dos ganhos com ações

20% de R$ 25.962,50 = R$ 5.192,50

5. Ganho líquido após IR

R$ 25.962,50 − R$ 5.192,50 = R$ 20.770,00
ou
R$ 20.770,00/R$ 140.700,00 = 14,76%

6. As taxas de rentabilidade ligadas a essa operação são:

Taxa de rentabilidade com referência às variações das cotações

$$\left(\frac{R\$\ 3,35}{R\$\ 2,80} - 1 \right) . \ 100\% = 19,64\%$$

Taxa de rentabilidade, com referência às variações de preços, já considerando comissões e emolumentos cobrados pelos corretores e pela bolsa de valores

$$\left(\frac{R\$\ 25.962,50}{R\$\ 140.700,00} - 1 \right) . \ 100\% = 18,45\%$$

Taxa de rentabilidade, com referência a variações de preços, comissões e emolumentos e imposto de renda de 20% sobre o ganho de capital com as ações

$$\left(\frac{R\$\ 20.770,00}{R\$\ 140.700,00} - 1 \right) . \ 100\% = 14,76\%$$

6) No início do ano, um investidor comprou 1.000.000 de ações da empresa X, sendo a cotação média de compra de R$ 2,55 (mais comissões e emolumentos de 0,5%). No meio do ano, a empresa pagou dividendos líquidos de imposto de renda na base de R$ 0,25/ação. Ao final desse ano, o investidor vendeu todas as suas ações por R$ 2,95/ação. Pede-se calcular a taxa interna de retorno (semestral e anual equivalente) líquida dessa sua aplicação em ações já considerando o imposto de renda incidente de 20% sobre o ganho de capital antecipado para a data do recebimento da venda (obs.: a legislação permite pagar esse imposto de renda até o último dia útil do mês seguinte ao da apuração do resultado da venda).

Resolução

1. Valor da compra das ações (início do ano)

Ações : 1.000.000 . 2,25 =	R$ 2.250.000,00
Comissões e emolumentos (0,5%) =	(R$ 11.250,00)
	R$ 2.261.250,00

2.Valor do dividendo líquido recebido (meio do ano)

1.000.000 . R$ 0,25/ação = R$ 250.000,00

3. Valor líquido recebido pela venda, já descontando o IR do ganho de capital

Venda de ações : 1.000.000 . 2,95 =	R$ 2.950.000,00
Comissões e emolumentos (0,5%) =	(R$ 14.750,00)
	R$ 2.935.250,00
Imposto de renda de 20% (sobre o subtotal menos o valor da compra)	(R$ 134.800,00)
Valor líquido recebido	R$ 2.800.450,00

4. Taxa de rentabilidade (TIR) líquida:

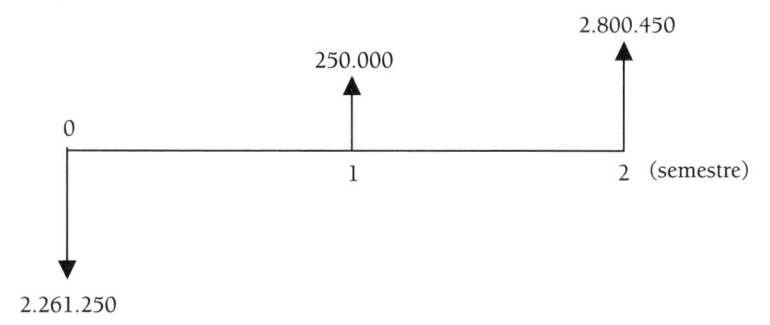

Aplicando-se a HP-12C, a TIR semestral composta é de 16,95%. O que equivale a TIR anual de 36,78% a.a.

7) Um investidor compra, na data 0, 10.000 ações da empresa X pagando R$5,50/ação, mais comissões e emolumentos da ordem de 0,5%. Dois meses depois desse evento a empresa faz uma consolidação em suas ações tornando 10 ações antigas em uma ação nova (data 2). Três meses após a data 2, a empresa paga dividendos na taxa de R$ 1,50/ação nova (data 3). Um mês após o dividendo a empresa define nova subscrição de capital, ao preço unitário da ação de R$ 48 (no mercado o preço da ação tinha nessa época o valor de R$ 52). Os acionistas têm o direito de subscrever duas em cada 10 ações possuídas nessa operação (data 4).

Quatro meses após a data 4, o investidor, que subscreveu integralmente as ações a que tinha direito, vende toda a sua carteira, quando a cotação atingiu R$ 77 (pagando ainda comissão e emolumentos de venda de 0,5%).

Pergunta-se:

Qual a taxa interna de retorno sem considerar o imposto de renda de 20% sobre o ganho de capital?

Qual o valor do imposto de renda que terá de pagar, na base de 20%?
Qual a TIR líquida após imposto de renda?

Resolução

Valor da compra das ações (data 0)

Ações : 10.000 . 5,50 =	R$ 55.000,00
Comissões e emolumentos (0,5%) =	R$ 275,00
	R$ 55.275,00

Data 2: Consolidação de 10.000 ações na base de 10/1, transformando-se o número de ações do investidor em 1.000 ações (na bolsa, a cotação da ação deve multiplicar por 10).

Data 5, três meses após a data 2, a empresa paga dividendos, cujo valor é, para o investidor em referência

R$ 1,50 . 1.000 ações = R$ 1.500,00

Data 6, um mês após a definição do dividendo, o investidor com 1.000 ações poderá subscrever 200 ações ao preço unitário de subscrição definido de R$ 48,00/ação, gastando

200 ações . R$ 48,00/ação = R$ 9.600,00

Na Data 10, quatro meses após a data 6, o investidor que terá em carteira 1.000 + 200 = 1.200 ações da companhia X, vende todas a sua carteira pelo preço unitário de R$ 77,00/ação, obtendo a receita líquida de :

Ações : 1.200 . R$ 77,00/ação =	R$ 92.400,00
Comissões e emolumentos (0,5%) =	(R$ 462,00)
	R$ 91.938,00

O imposto de renda a ser pago pelo investidor será

Valor líquido recebido (1.200 ações)	R$ 91.938,00
Valor inicial de compra (1.000 ações)	(R$ 55.275,00)
Valor da subscrição das 200 ações	(R$ 9.600,00)
Ganho de capital	R$ 27.063,00
Imposto de renda sobre o ganho de capital 20%	R$ 5.412,60

Valor líquido recebido (data 10) após descontar o imposto de renda

$$R\$ 91.938,00 - R\$ 5.412,60 = R\$ 86.526,00$$

Cálculo da TIR sem descontar o imposto de renda

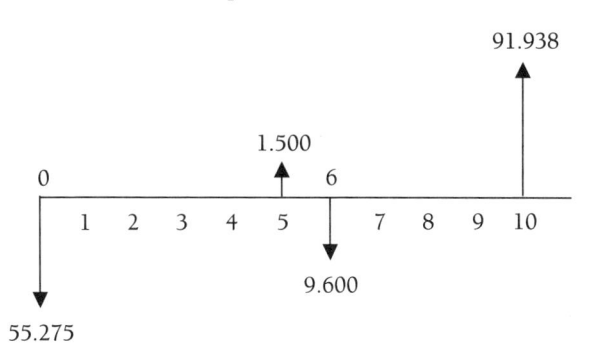

A TIR desse fluxo de caixa do investidor é:
TIR = 4,09% ao mês (equivalente a 61,71% ao ano)

Cálculo da TIR, após o desconto final do imposto de renda sobre os ganhos de capital

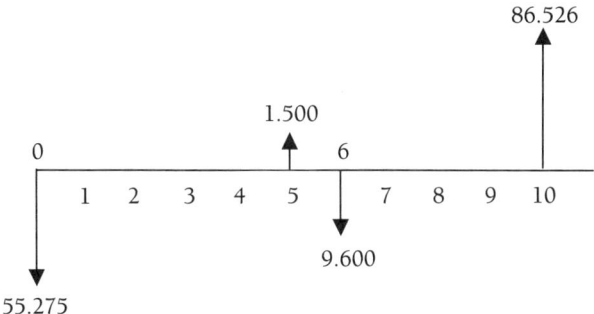

TIR = 3,41% a.m. (ou 49,60% a.a.)

8) No exercício 7, qual seria a cotação final da ação, na data 10, para que a taxa interna do investidor fosse zero, sem levar em conta o imposto de renda sobre os ganhos de capital?

Resposta

R$ 53,08/ação

9) No exercício 7, qual seria a cotação final da ação, vendida na data 10, para que a taxa interna de retorno do investidor fosse zero, levando em conta o imposto de renda de 20% sobre o ganho de capital?

Resposta

R$ 52,76/ação

10) Refazer o exercício 7, no caso de a venda final de todas as ações do investidor ser realizada ao preço médio de R$ 90 / ação?

Resposta

TIR após imposto de renda = 4,95% ao mês (78,63% a.a.)

11) Refazendo o exercício 7, pergunta-se, qual deveria ser o valor do preço de venda final de todas as ações do investidor em Bolsa, para que a taxa interna de retorno, líquida, já descontados comissões, emolumentos e imposto de renda de 20% sobre o ganho de capital, fosse de 1,1275% ao mês (14,40% ao ano).

Resposta

R$ 60/ação

12) Refazer o exercício 7, no caso de ter sido a subscrição de novas ações na data 6 feita na percentagem de 40 novas para 100 existentes, ao mesmo preço de subscrição de R$ 48/ação e a venda final ao preço de R$ 77/ação na data 10.

Resposta

TIR líquida final de 3,80% ao mês (56,37% a.a.)

19

Sobre títulos de renda periódica e resgate final: bônus e debêntures

Objetivos

Este capítulo trata dos rendimentos dos títulos com renda periódica e resgate final como acontece em aplicações como debêntures, títulos emitidos por empresas para financiar projetos a longo prazo. Especificamente são focalizados:

- os fluxos de caixas dessas aplicações;
- os cálculos das taxas internas de retorno ou *yields* obtidos nas aplicações;
- a determinação do valor atual dos títulos, conforme taxa de juros vigente no mercado;
- a sensibilidade do valor atual do título em relação às variações da taxa de juros;
- o cálculo do *duration* de um título, como medida da sensibilidade do mesmo em relação às variações da taxa de juros;
- as influências dos prazos e dos cupons no *yield* e no valor atual dos títulos.

I- Questões-chave sobre títulos com renda periódica e resgate final: bônus e debêntures

1. Qual o fluxo de caixa de um investidor em título de renda periódica e resgate final?

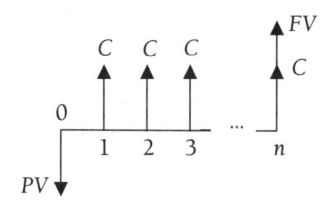

PV =	O valor atual pago pelo investidor na compra do título
C =	É o cupom pago pelo título, periodicamente (em geral fixado como um percentual do valor final de resgate do título)
FV =	O valor final de resgate do título

2. O que é a taxa de cupom ou *yield* corrente do título?

É a relação entre o valor do cupom C pago periodicamente e o valor final *FV* de resgate do título, definido na emissão inicial do título.

$$\text{Taxa de cupom} = \frac{C}{FV}$$

3. O que é a taxa interna de rentabilidade ou *yield* do título (*yield to maturity*)?

É a taxa de juros compostos que desconta o fluxo dos recebimentos futuros (cupons e valor de resgate final) para o valor atual *PV* de negociação do título.

4. Quais as variáveis que influenciam o cálculo do valor atual de negociação desse tipo de título?

São o valor de resgate final (*FV*), a data *n* do resgate, o valor do cupom periódico e a taxa de juros vigente no mercado que se constitui no *yield* ou taxa interna de retorno do investidor que nele aplicar seus recursos e o mantiver até a data final de resgate.

5. Exemplifique o cálculo do *yield* do título de valor de resgate final $ 1.000 (*FV*), daqui a sete anos, sendo a taxa de cupom de 10% sobre o valor de face (resgate) do título, sendo hoje o título negociado por $ 800 (com deságio de 20% sobre o valor de face)?

A partir do *cash flow* do investidor

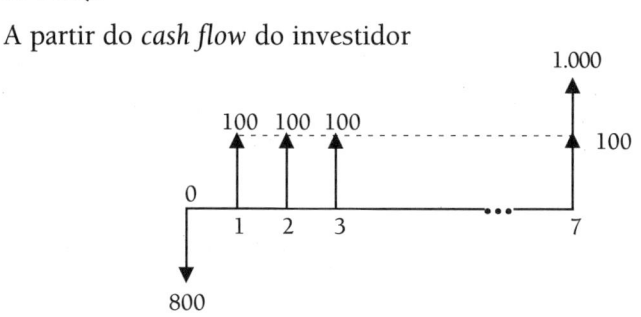

pode-se encontrar a *yield* de i = 15,76% a.a. pela programação da HP-12C:

800	CHS	g	CF_0	
100		g	CF_j	
6		g	CF_j	
1.100		↑	IRR	→ 15,76%

6. Pode um título ter cupom zero?

Sim, nesse caso o título se torna do tipo de renda final, cujo fluxo de caixa é:

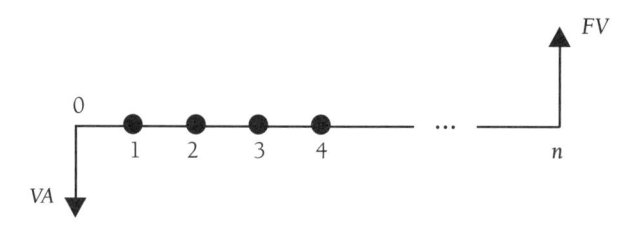

7. Como é feito o cálculo da *yield* no caso de títulos de cupom zero?

A taxa de *yield* é calculada pela fórmula $PV(1+y)^n = FV$ ou diretamente pela calculadora HP-12C.

8. Qual a propriedade dos títulos perpétuos?

Os títulos perpétuos pagam cupons (C) periódica e indefinidamente.

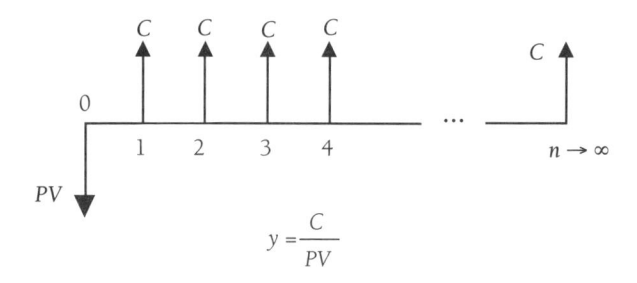

$$y = \frac{C}{PV}$$

Os *yields* (y) desses títulos perpétuos são iguais à relação entre o cupom e o valor inicial (PV) com que foi emitido ou negociado.

9. O que acontece com a taxa interna de juros (*yield*) de um título, quando o valor inicial de emissão ou negociação (*VA*) é igual ao valor final de resgate do título (*FV*)?

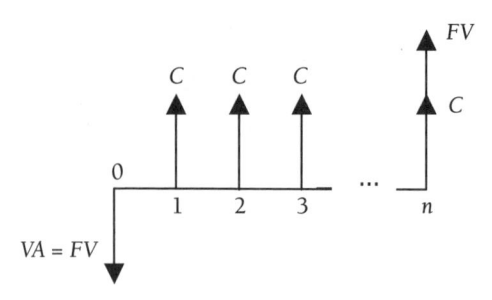

Nesse caso a taxa interna de rentabilidade (*yield*) do título fica igual à taxa de cupom ou *yield* corrente do título.

Exemplificando, se hoje o título é negociado ao par (valor de negociação igual a 1.000, e se a taxa do cupom for de 8%, qualquer que seja o prazo do título, o seu *yield* será 8% ao ano.

Título A (quatro anos):

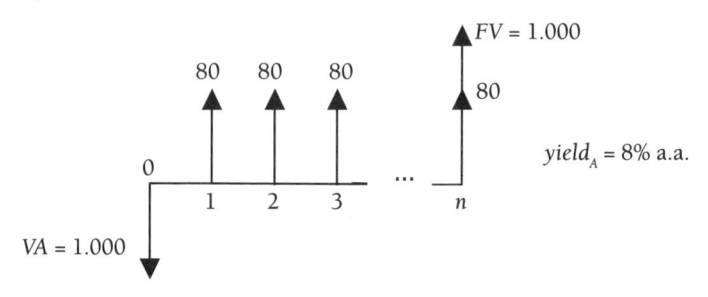

Título B (10 anos):

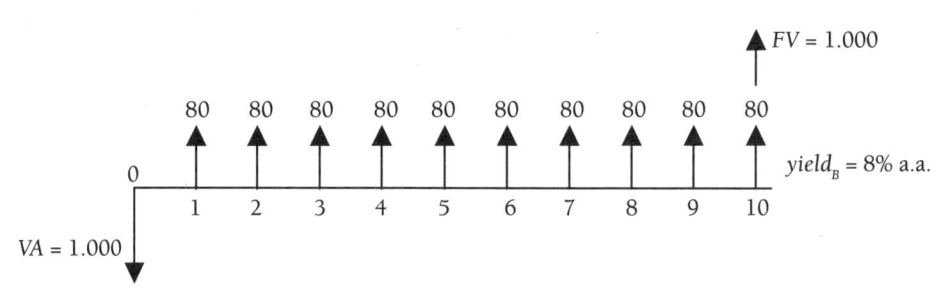

10. O que acontece quando um título com cupom periódico é negociado na data atual por um valor que apresenta um deságio em relação ao valor final de resgate?

Nesse caso, a taxa do *yield* é superior à taxa do cupom. No caso do título A de quatro anos da pergunta 9, se houver um deságio de 15% em relação ao valor de resgate, o valor de negociação na data 0 será de 850. O *cash flow* do investidor passará a ser:

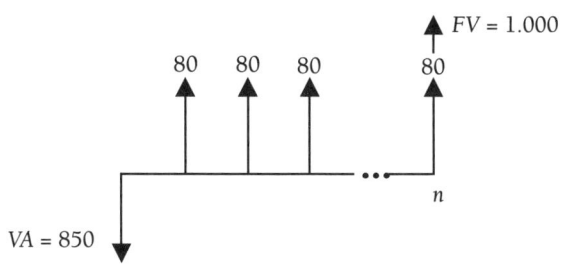

Se *n* for 10 (caso do título B da pergunta 9), o *yield* será 10,49% a.a. (superior ao cupom de 10%).

11. O que acontecerá quando um título de cupom periódico for negociado na data atual com ágio sobre o valor de resgate?

Nesse caso, a taxa do *yield* do título ficará menor do que a taxa do cupom. No caso do título B da pergunta 9, se houver um ágio de 10% sobre o valor final, o valor de negociação atual ficará em $ 1.100 e o fluxo de caixa do investidor:

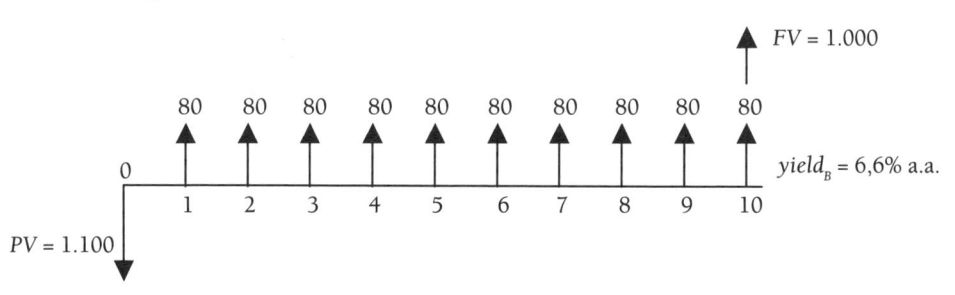

O seu *yield* agora é de 6,60% a.a. (inferior a 8%)

12. Apresentar a curva do valor atual de negociação de um título de rendimentos através de cupons periódicos, taxa de cupom *tc* = C/FV demonstrando a área de ágio e de deságio, em relação ao valor de resgate.

O título 1 está sendo negociado com ágio a_1, tem o *yield* y_1 menor que a taxa do cupom *tc*.

O título 2 negociado com deságio d, tem a taxa de *yield* y_2 maior que a taxa do cupom.

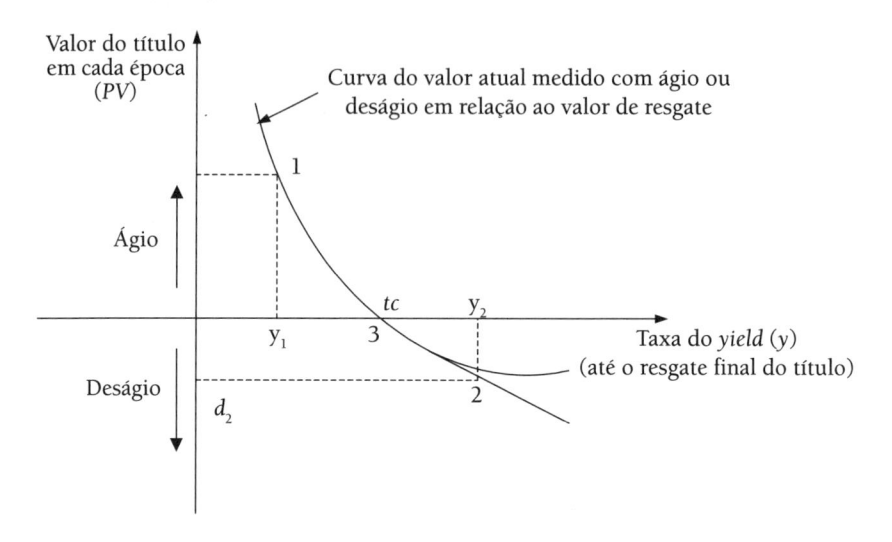

O título 3, negociado ao par, valor de negociação igual ao valor de resgate final, tem o *yield* igual à taxa do cupom (*yield* corrente).

13. Por que título de cupom zero tem que ser obrigatoriamente negociado com deságio em relação ao valor de resgate?

Caso fosse negociado com ágio o *yield* seria negativo, isto é, haveria o prejuízo do ágio além do custo de oportunidade de ter aplicado nesse título. Se for negociado ao par, pelo valor de face na data atual, o *yield* seria nulo. Somente se obterá *yield* positivo caso o valor presente seja menor que o valor de resgate, uma vez que não existem cupons de remuneração periódica.

14. O que acontece com o *yield* do título de mesmo prazo, com mesmo valor de resgate e mesmo valor de negociação atual, se o valor do cupom for maior do que o de outro título?

Entre dois títulos de prazos iguais, equivalentes valores de resgate e idênticos valores de negociação atuais, o que tiver o maior valor do cupom periódico também terá a maior taxa interna de retorno ou *yield*.

15. O que acontecerá com o valor atual de negociação de um título se houver um aumento da taxa de juros no mercado desse título?

Aumentando a taxa de juros, é imediata a queda do valor atual de negociação do título.

16. O que acontece com o rendimento dos antigos detentores de um título ao se elevar a taxa de juros?

Eles ficam com título de menor valor. Se venderem o título, obterão uma taxa de rentabilidade inferior ao *yield* anterior do título ou até prejuízo. Se mantiverem o título em carteira até a data do resgate, então, obterão a taxa de remuneração igual ao *yield* anterior.

Exemplificando: um investidor compra por $ 880,22 um título de cinco anos, de valor de resgate $ 1.000 e valor de cupom $ 50/ano, caso em que a taxa de juros (*yield*) está situada a 8% a.a.

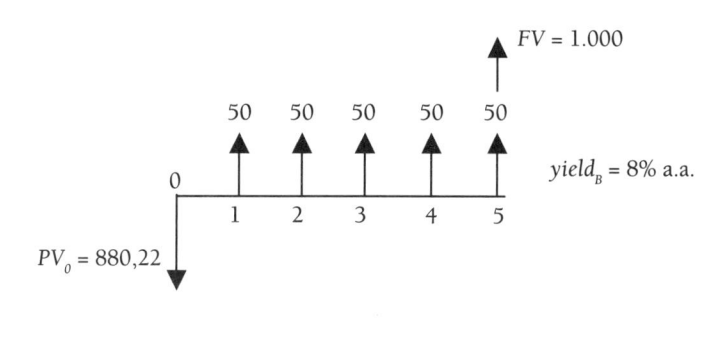

Decorrido um ano, se a taxa de juros aumentar para 9% a.a., o valor atual de negociação do título será de $ 870,41. Se o título for vendido, o novo detentor do título ganhará 9% a.a. até a data final de resgate.

Fluxo do 2º aplicador

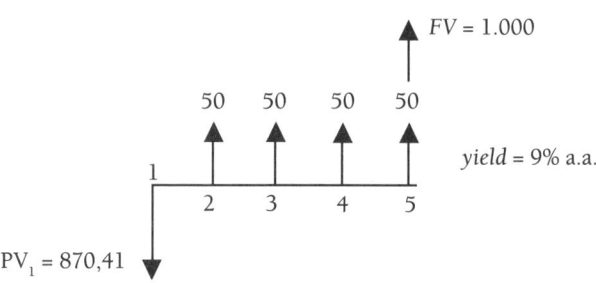

O antigo detentor do título, que o vendeu por $ 870,41 em um ano e ganhou o primeiro cupom de $ 50, após comprá-lo por $ 880,41, terá tido um ganho de 920,41 – 880,22 = $ 40,19, correspondendo a uma taxa de rentabilidade de 4,57%. Menor que os 8% a.a. do *yield* do título.

Cash flow do 1º aplicador

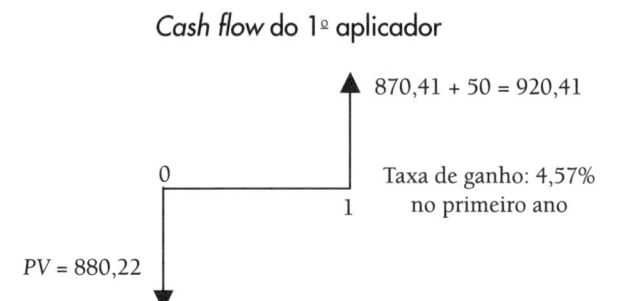

17. **O que acontece com o rendimentos dos antigos aplicadores de um título ao cair a taxa de juros?**

Eles ficam com um título de maior valor. Se venderem o título obterão uma taxa de rentabilidade superior ao *yield* intrínseco do título. Se o mantiverem em carteira, até o resgate final, ganharão o *yield* do título. Os novos aplicadores do título ganharão um novo *yield* menor.

Exemplo: um investidor compra por $ 880,22 o título de cinco anos, de valor de resgate $ 1.000 e valor de cupom $ 50/ano, sendo o *yield* igual a 8% a.a., como no caso da pergunta 15.

Se a taxa de juros cair para 7% a.a., na data 1, um ano após a data 0 da compra do título, o valor do título subirá para $ 932,26.

Fluxo do 2º aplicador

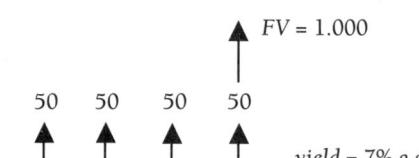

O primeiro aplicador no título terá um ganho de 11,59% a.a., superior ao *yield* inicial de 8% a.a., inclusive recebendo o primeiro cupom.

Fluxo do 1º aplicador

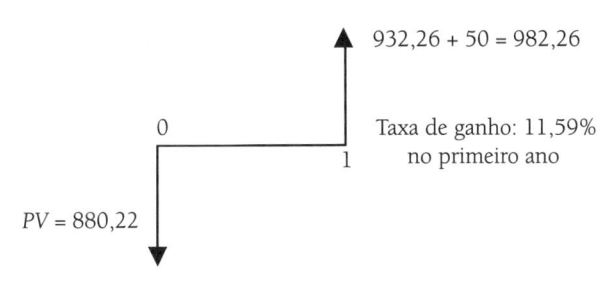

18. O que é a curva de valorização de um título com cupons e resgate final?

É a curva que registra os valores atualizados em cada data, até a do resgate final. Esses valores atuais são calculados pelo valor de resgate final descontado pela taxa de *yield* básica, até cada data anterior ao resgate, mais os valores de cada cupom correspondente.

Curva de valorização (incluindo cupom)

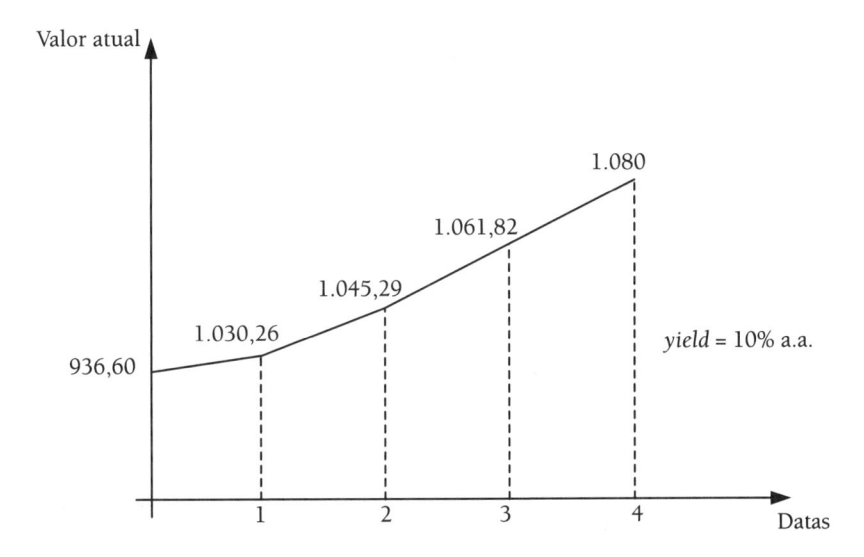

A curva de valor atual ou curva de valorização do título apresentada refere-se ao título de cupom anual de $ 80, com quatro anos de prazo, e *yield* de 10% a.a. nas datas 0, 1, 2, 3 e 4. Na data final 4, o valor do título é o valor de resgate $ 1.000 mais o valor do último cupom $ 80.

19. Indicar as curvas de valorização de títulos com cupom negociados com deságio (título A), ao par (título B) e com ágio (título C) em relação aos valores de resgate, sem agregar os valores dos cupons de cada período.

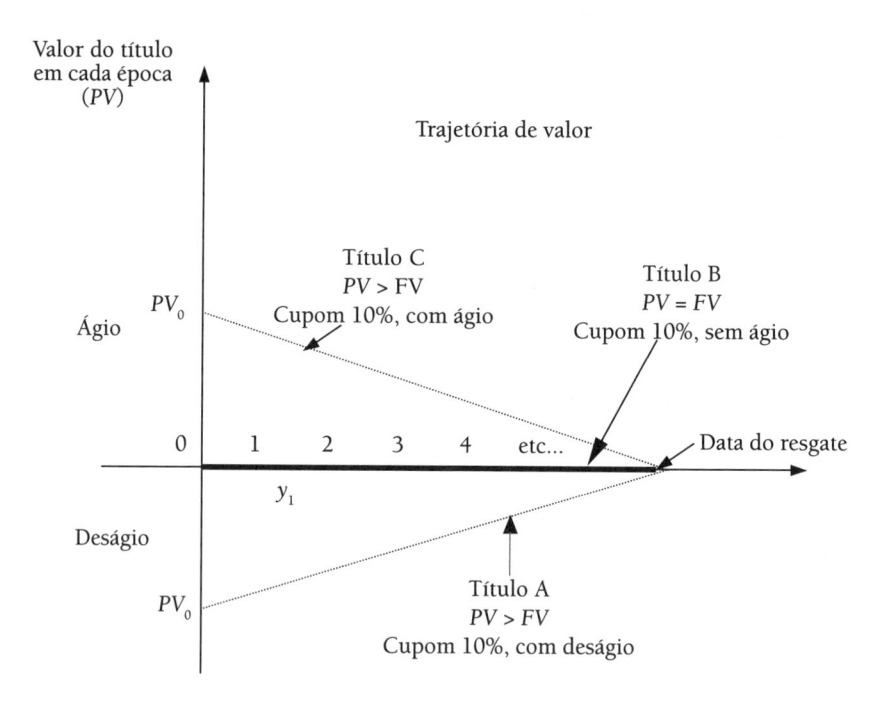

Observações:

❑ O título B, negociado ao par inicialmente na data 0, terá *yield* igual à taxa do cupom e, em cada época futura, o seu valor de negociação deverá ser sempre igual ao valor de resgate.

❑ Os valores de títulos A e C, em cada época, vão se aproximando do valor de resgate final.

20. O que acontece com a curva de valorização de um título com resgate final e cupons periódicos, usando a taxa de juros de mercado se elevar, em uma data intermediária de aplicação no título?

A curva de valorização sofre uma descontinuidade na data em que a taxa de juros aumentar, caindo para baixo da curva do *yield* básico do título.

Na data do aumento da taxa de juros, instantaneamente, se desvaloriza o título, caindo do valor N para N'.

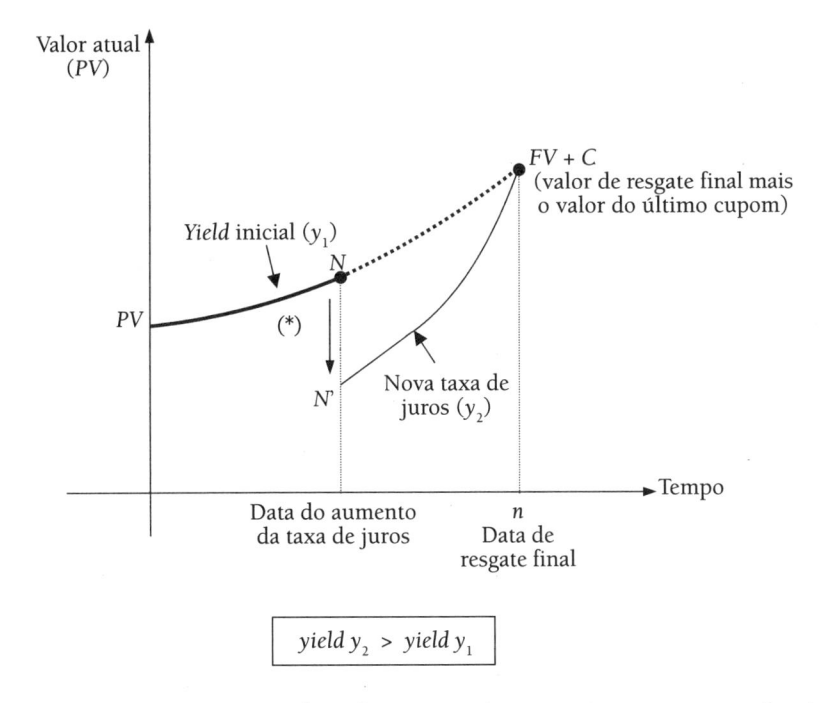

$$yield\ y_2\ >\ yield\ y_1$$

21. O que acontece com a curva de valorização de um título com resgate final e cupons periódicos, quando a taxa de juros de mercador cair, em uma data intermediária da aplicação no título.

A curva de valorização sofre uma descontinuidade, na data em que cai a taxa de juros, se elevando a curva para cima da curva de valorização com o *yield* inicial básico do título.

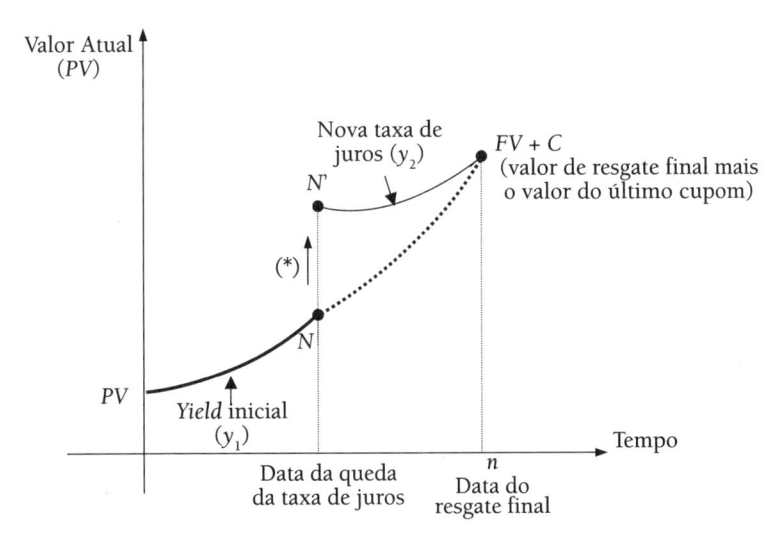

$$\boxed{yield\ y_2 < yield\ y_1}$$

Na data da queda da taxa de juros, instantaneamente, se valoriza o título, subindo o seu valor de N para N'.

22. Qual o título mais sensível à elevação da taxa de juros, o de maior prazo ou o de menor prazo, sendo ambos de mesmo valor de resgate, mesmo valor do cupom e mesma taxa de *yield*?

Os títulos de prazos mais longos são mais sensíveis a uma elevação na taxa de juros. Seus valores têm quedas percentuais mais elevadas do que a dos títulos mais curtos com mesmas características. Exemplificando:

Título A: mais curto, 10 anos, cupom 10/ano e $FV = 100$ (resgate) tem *yield* até o resgate de 12% a.a. e $PV = 88,70$

Título B: mais longo, 20 anos, cupom 10/ano e $FV = 100$ (resgate) tem *yield* de 12% a.a. e $PV = 85,06$

Elevando-se a taxa de juros para 14% a.a., esta passa a ser a nova *yield* para os dois títulos. Então, os valores atuais dos títulos caem:

do título A: para $PV = 79,14$ com queda de 10,78% (sobre 88,70)

do título B: para $PV = 73,51$ com queda maior de 13,58% (sobre 85,06)

Obs.: Pelo exemplo exposto, justifica-se por que, com a elevação da taxa de juros, os aplicadores dão preferência a investimentos em títulos mais curtos, que sofrerão menos perdas relativas do que aquelas de maiores prazos.

23. Qual o título mais sensível a uma queda da taxa de juros no mercado, o de maior prazo ou de menor prazo, sendo ambos de mesmo valor de resgate, mesmo valor do cupom e mesma taxa de *yield*?

Quando acontece uma queda na taxa de juros de mercado, o título mais sensível a uma valorização maior é aquele de maior prazo.

Comparando-se os valores modificados dos dois títulos: A (10 anos, $PV = 88,70$ com *yield* de 12% a.a.) e B (20 anos, $PV = 85,06$, *yield* 12% a.a.) quando a taxa de juros diminuir para 10% a.a., então:

	PV a 12% a.a.	PV a 10% a.a.	Taxa de valorização
Título A (mais curto 10 anos)	88,70	100	+ 12,74%
Título B (mais longo 20 anos)	85,06	100	+17,56%

Obs.: Em conjuntura de taxa de juros declinante, a preferência dos investidores é centrada nos títulos mais longos, que mais se valorizam com o declínio dos juros.

24. Qual a sensibilidade do valor dos títulos de mesmo prazo, mesmo valor de resgate e taxas de cupom diferenciadas, à elevação da taxa de juros?

Quando a taxa de juros se eleva, o título que tiver a menor taxa de cupom sofrerá maior queda percentual de valor. Exemplificando:

Alta na taxa de juros

	PV a 12% a.a.	PV a 10% a.a.	Taxa de valorização
Título A ($FV = 100$; cupom 12/ano; $n = 10$ anos)	100	89,57	−10,43%
Título B ($FV = 100$; cupom 8/ano; $n = 10$ anos)	76,25	67,28	−11,76%

25. Qual a sensibilidade de valor dos títulos do mesmo prazo, mesmo valor de resgate, *yields* equivalentes e taxas de cupom diferenciadas, à diminuição da taxa de juros?

Quando a taxa de juros diminui, o título com menor taxa de cupom se valoriza com maior intensidade. Exemplificando:

Queda na taxa de juros

	PV a 12% a.a.	PV a 10% a.a.	Taxa de valorização
Título A ($FV = 100$; cupom 12/ano; $n = 10$ anos)	100	112,29	+12,29%
Título B ($FV = 100$; cupom 8/ano; $n = 10$ anos)	76,25	87,01	+14,11%

26. O que significa *duration* de um título? Como se calcula?

Conhecido o fluxo de caixa relativo a um título, todas as entradas de recursos, seu *yield* e o valor atual referente à compra inicial, a *duration* desse título é a relação entre a soma dos valores atuais de cada entrada de caixa (cupons e valor de resgate atuais) multiplicados pelos respectivos prazos de ocorrência e o valor atual do fluxo do título (*PV*), todos os valores calculados pela taxa de *yield* intrínseca do título. Assemelha-se a uma data média em que o valor atual *PV* descontado pelo *yield* fica equivalente aos valores atuais de cada entrada de caixa ponderados pelos respectivos prazos de ocorrência. Muitos autores indicam até que a *duration* é o período médio de tempo em que o detentor do título recebe os rendimentos da aplicação.

27. Qual a fórmula de cálculo da *duration*?

$$d = \frac{1\dfrac{CF_1}{(1+y)} + 2\dfrac{CF_2}{(1+y)^2} + 3\dfrac{CF_3}{(1+y)^3} + ... + n\dfrac{CF_n}{(1+y)^n}}{PV}$$

ou

$$d = \frac{1\dfrac{c}{(1+y)} + 2\dfrac{c}{(1+y)^2} + 3\dfrac{c}{(1+y)^3} + ... + n\dfrac{(c+FV)}{(1+y)^n}}{\dfrac{c}{(1+y)} + \dfrac{c}{(1+y)^2} + \dfrac{c}{(1+y)^3} + ... + \dfrac{c}{(1+y)^{n-1}} + \dfrac{c+FV}{(1+y)^n}}$$

28. O que tem de importante a *duration* de um título?

A *duration* de um título tem uma importante relação com a sensibilidade do valor do título às modificações nas taxas de juros caracterizadoras do *yield* do título. Quanto maior a *duration* do título mais sensíveis serão as oscilações do valor de título X aos aumentos ou quedas nas taxas de juros. A análise da *duration* se torna altamente relevante porque se sabe que a maioria dos investidores aplicam recursos em *bonds* e debêntures e não ficam plantados nesse investimento até o resgate. Além disso, a taxa de juros do mercado não é imutável. Ela varia diariamente, de modo que é importante conhecer as características da volatilidade dos juros e dos preços dos títulos para adequada aplicação de capital. Os administradores de recursos procuram formar suas carteiras de títulos comprando prioritariamente papéis com menores prazos de *duration*, minimizando o risco para oscilações das taxas de juros.

29. Exemplificar cálculo de *duration*. Tomar o título de quatro anos, valor de resgate $ 100, cupom $ 10 anual, *yield* de 12% a.a., com valor atual consequente de $ 93,93.

A fórmula da *duration* deste título é:

$$d = \frac{1\dfrac{10}{(1,12)} + 2\dfrac{10}{(1,12)^2} + 3\dfrac{10}{(1,12)^3} + 4\dfrac{110}{(1,12)^4}}{93,93} = \frac{8,93 + 15,94 + 21,35 + 279,63}{93,93} =$$

$$\frac{325,85}{93,93} = 3,47$$

30. Qual a *duration* de um título de resgate final com cupom zero, de período de resgate de *n* anos?

Qualquer tipo de cupom zero tem sua *duration* igual ao prazo total de resgate.

31. Identificar as *durations* de diversos títulos com igual valor de resgate ($ 100), mesmo cupom anual ($ 10/ano), idênticos *yields* (12% a.a.) e prazos diferenciados (*n* = 4, 6, 10, 20, 30 anos).

A seguinte tabela apresenta o resultado dos cálculos empreendidos a partir da fórmula da *duration*:

Yield de 12% a.a.

Prazo do título (anos)	Duration
4	3,47
6	4,73
10	6,55
20	8,60
30	9,16

32. Recalcule as *durations* de diversos títulos com igual valor de resgate ($ 100), mesmo cupom anual ($ 10) e idênticos *yields* de 15% a.a., com prazos diferenciados (*n* = 4, 6, 10, 20, 30 anos).

Yield de 15% a.a.

Prazo do título (anos)	Duration
4	3,44
6	4,65
10	6,24
20	8,58
30	7,72

33. Em igualdade de valor de resgate e de taxa de cupom, para prazos idênticos, qual o título que apresenta a menor *duration* em função da dimensão de sua taxa da *yield*?

Com os resultados nas tabelas da perguntas 30 e 31, pode-se observar que o título de maior *yield*, para qualquer prazo total de resgate, terá sempre menor *duration*.

O gráfico comparativo dos dois títulos, considerados nas perguntas 30 e 31, é apresentado a seguir comparando as curvas das *durations* em função dos prazos totais de resgate dos títulos.

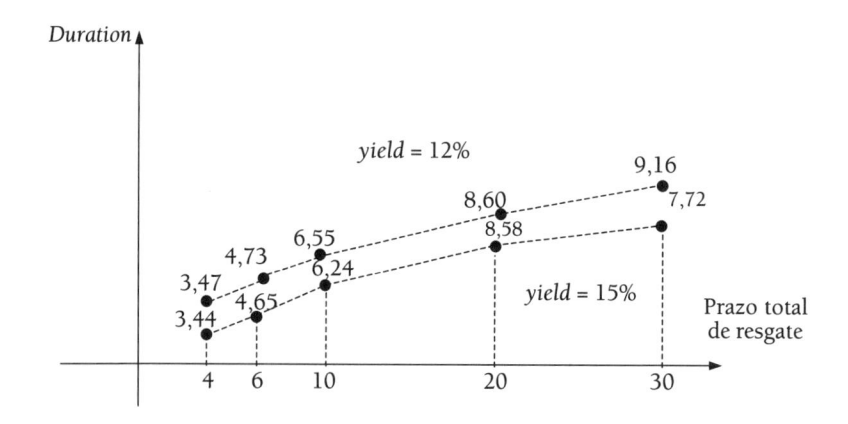

34. O que é valor final de um título considerando o reinvestimento de todos os cupons periodicamente recebidos?

É o valor final que se obtém, bem acima do valor de resgate do título, caso se apliquem todos os cupons recebidos a uma taxa de reaplicação conhecida até a data final de resgate do título.

Exemplificando, um título de $VF = 1.000$, de 10 anos, cupom de 8%, paga $ 80/ano; se houver reaplicação de cada um desses cupons a diversas taxas de rentabilidade anual, até o 10° ano, em cujo final se realiza o resgate, os valores acumulados finais do título serão:

Taxa de reaplicação do cupom	Valor final com reaplicação dos cupons ($)
5% a.a.	2.006,24
8% a.a.	2.158,96
12% a.a.	2.403,92

35. Por que a comparação entre dois títulos efetuada pela suas taxas internas de retorno ou *yields* não é adequada?

Iguais ou diferentes *yields* podem ser verificados em títulos com diferentes prazos de maturação e diferentes cupons. Os *yields* não indicam qual título tem seus preços em escalas mais voláteis em face das variações das taxas de juros do mercado.

36. Qual o título de menor *duration*: o que tiver a maior ou menor taxa de cupom, sendo iguais os seus prazos até os resgates e valor de resgate?

O título de menor *duration* é o que apresenta maior taxa de cupom.

37. Qual a fórmula da relação entre a *duration* e a variação da taxa de *yield* e a variação de preço do título?

$D =$	Duration
$P =$	Preço corrente do título
$\Delta p =$	Variação no preço do título
$\dfrac{\Delta p}{p} =$	Variação percentual no preço do título
$y =$	Yield corrente do título (até a data de resgate)
$\Delta y =$	Mudança no yield do título

38. Exemplifique as variações de preços que sofrem dois títulos com diferentes *durations* e mesma taxa de *yield* até o resgate, após um aumento de *yield* de 0,5 ponto percentual (novo *yield* a 10,5%).

Fórmula da variação de preço (baseada na fórmula da pergunta 37):

$$\Delta p = - \Delta \cdot \frac{\Delta y}{1 + y} \cdot p$$

Título A: *Duration*: 9,36; preço atual de negociação: $ 1.000 *yield* até resgate: 10%

Título B: *Duration*: 8,50; preço atual de negociação: $ 1.000 *yield* até resgate: 10%

As variações de preço dos títulos são:

Título A: $\Delta p_A = -9,36 \cdot \dfrac{0,005}{1,10} \cdot 1.000 = -\$\, 42,55$

Título B: $\Delta p_B = -8,50 \cdot \dfrac{0,005}{1,10} \cdot 1.000 = -\$\, 38,64$

39. Por que investidores e administradores de carteira procuram comprar para seus portfólios títulos com menores *durations*?

Tendo em vista que títulos com maiores *durations* são mais voláteis, os investidores procuram reduzir o risco associado às mutações das taxas de juros adquirindo títulos com menores *durations*.

40. O que significa uma carteira de títulos "imunizada"?

Um portfólio imunizado ao risco de variações nas taxas de juros significa uma carteira estruturada por títulos cuja média de suas *durations* equivale o prazo médio de captação dos recursos financiadores da carteira.

41. Explique como o investimento em um título orientado pela *duration* é eliminado o risco de reinvestimento, com a variação da taxa de juros?

Quem compra um título ao par por $ 1.000, de sete anos, *yield* de 12%, taxa de cupom de 12%, poderá reinvestir a 12% a.a. se a taxa de juros de mercado (*yield* inicial) não se alterar, e no final dos sete anos de prazo do título obter o valor acumulado final de $ 2.211, alvo de sua estratégia.

Se a taxa de juros subir para 14% o valor terminal será de $ 2.288, o que representará uma maior performance. O problema para o investidor que tem em vista o montante final de $ 2.211, acumulado com os reinvestimentos em sete anos, vai surgir se a taxa de juros cair para 8%, por exemplo.

Então, o valor final acumulado em sete anos será de $ 2.071, dando uma diferença de $ 140.

O investidor poderia evitar essa diminuição se escolhesse aplicar em um título com *duration* de sete anos, e prazo maior até o resgate final. Por exemplo, se comprasse um título com cupom 12% de 12 anos, *duration* 6,9 (próximo dos sete anos), se a taxa de juros cair de 12% para 8%, ao final dos sete anos da *duration* com o reinvestimento dos cupons à taxa de 8%, teria garantido o valor de $ 2.210, eliminado o risco de investimento.

42. Por que é importante a orientação da compra de um título pela *duration* de título?

O que existe de importante na compra de um título orientando-se a decisão pela *duration* é que, qualquer que seja o tipo do título, em termos de prazo de manutenção ou de *yield*, o valor final acumulado pelo reinvestimento dos cupons até o resgate final pela taxa fixa do *yield* mais o valor de resgate do título fica garantido ao final do período da *duration*, com reaplicação dos cupons na taxa de juros que estiver vigente, não importando seu valor. Se a taxa de juros para reaplicação cair, a reaplicação acumulada dos cupons será menor, mas compensada pelo incremento do valor do título na data final de *duration*. Se a taxa de juros se elevar, o decréscimo de valor do título será também compensado pela maior acumulação das reaplicações dos cupons à taxa de juros mais elevadas.

43. Resuma os argumentos que indicam a utilidade do uso da *duration*.

I.   quanto maior a *duration* do título, maior a volatilidade do preço do título às oscilações da taxa de juros;

II. o prazo da *duration* é inferior ao prazo total de maturação do título. E, quanto mais longo o prazo do título, menor será relativamente a *duration*. Título de 12 anos tem *durations* próximos a sete anos e títulos com 30 anos ostentam *duration* inferior a 10 anos;

III. a preferência dos investidores, especialmente os profissionais, é por títulos de menor *duration*, nos quais estão garantidos os ganhos acumulados do valor do título à época, com os resultados das reaplicações dos cupons às taxas de juros vigentes, quaisquer que elas sejam. O alvo de valor acumulado a ser atingido no final da *duration* é aquele valor acumulado pelo valor de resgate final do título mais as reaplicações de todos os cupons, à taxa de *yield* inicial até a data final de resgate, bem além do prazo da *duration*. Trata-se de uma garantia de antecipação de um alvo de ganho acumulado que seria possível somente em prazo mais longo, o de maturação final do título, sem as reaplicações dos cupons.

II- Simbologia e fórmulas básicas

Simbologia

PV = valor atual do título
C = valor do cupom periódico
FV = valor de resgate ou valor de face do título

$\dfrac{C}{FV}$ = taxa do cupom

Y = taxa interna de retorno ou *yield* do título

n = prazo do título até o resgate final (desde a data atual 0)

d = *duration* do título

Fluxo de caixa do aplicador no título:

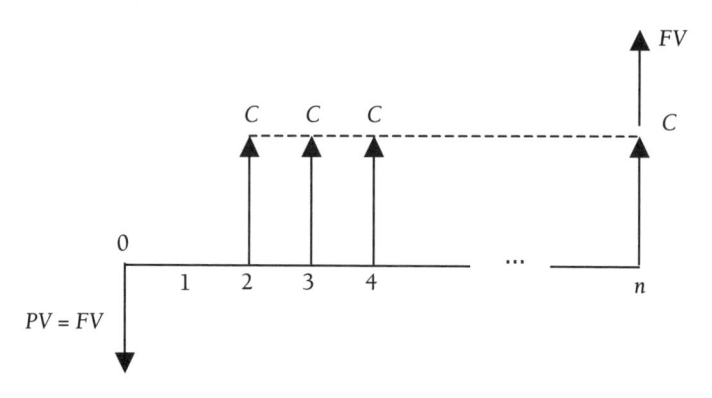

Fórmulas básicas

Relacionamento entre as variáveis-chave:

$$PV = \frac{C}{(1+y)} + \frac{C}{(1+y)^2} + \frac{C}{(1+y)^3} + \ldots + \frac{C}{(1+y)^{n-1}} + \frac{(C+FV)}{(1+y)^n}$$

Para título de cupom zero $(C = 0)$

$$PV = \frac{FV}{(1+y)^n}$$

Yield nos títulos perpétuos:

$$y = \frac{C}{PV}$$

Duration do título de cupons ou diferentes $(CF_1, CF_2, \ldots, CF_n)$

$$d = \frac{1\dfrac{CF_1}{(1+y)} + 2\dfrac{CF_2}{(1+y)^2} + 3\dfrac{CF_3}{(1+y)^3} + \ldots + n\dfrac{CF_n}{(1+y)^n}}{PV}$$

ou

$$d = \frac{1\dfrac{CF_1}{(1+y)} + 2\dfrac{CF_2}{(1+y)^2} + 3\dfrac{CF_3}{(1+y)^3} + ... + n\dfrac{CF_n}{(1+y)^n}}{\dfrac{CF_1}{(1+y)} + \dfrac{CF_2}{(1+y)^2} + \dfrac{CF_3}{(1+y)^3} + ... + \dfrac{CF_n}{(1+y)^n}}$$

Duration do título de cupom constante:

$$d = \frac{1\dfrac{c}{(1+y)} + 2\dfrac{c}{(1+y)^2} + 3\dfrac{c}{(1+y)^3} + ... + n\dfrac{(c+FV)}{(1+y)^n}}{\dfrac{c}{(1+y)} + \dfrac{c}{(1+y)^2} + \dfrac{c}{(1+y)^3} + ... + \dfrac{c+FV}{(1+y)^n}}$$

III- Aplicações em destaque

1) Um título de 10 anos, valor de resgate 1.000, cupom de 6%, está sendo negociado hoje por 920.
Qual o seu atual *yield* (taxa de juros de mercado)?

Resolução

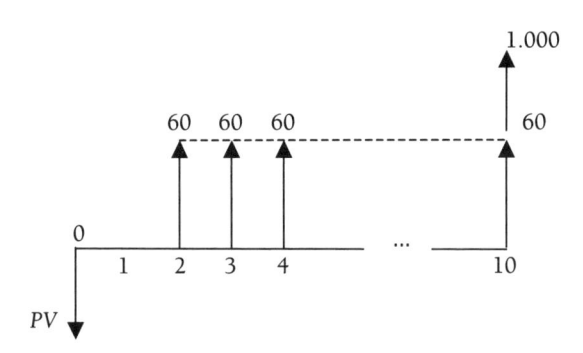

$C = 6\% \cdot 1.000 = 60$
$FV = 1.000$
$PV = 920$
$y = ?$

Cálculo direto pela HP-12C, a taxa interna de retorno (TIR) do fluxo do investidor é *yield*.

$y = 7{,}15\%$ a.a.

2) Se o preço do título do exercício 1 anterior se valorizar 5% no mercado, qual o novo *yield*?

Resolução

$C = 60$
$FV = 1.000$
$PV = 1,05 . 920 = 966$
Pela HP-12C calcula-se o *yield*
$y = 6,47\%$ a.a.

Observa-se que a queda da taxa de juros faz com que o valor atual do título aumente.

3) Se ao contrário do exercício 2, a taxa de juros se elevar, para 8,20% a.a., qual o valor atual do título em referência do exercício 1?

Resolução

$n = 10$
$C = 60$
$FV = 1.000$
$y = 8,20\%$ a.a.
Então
$PV = 853,70$ (pela HP-12C)

4) Um título de renda anual, de cupom $ 70, valor de resgate $ 1.000, foi negociado hoje quando a taxa de juros para esse papel se posicionava em 7,50% ao ano. Se o *yield* subir 50 pontos (0,50%, o que representa um incremento de 0,50/7,50 = 6,67%), qual será a diminuição relativa do valor atual do título?

Resolução

Antes da variação da taxa de juros, com *yield* = 7,50%, o valor presente do título será:
$PV = \$ 979,77$ (HP-12C)
com
$C = 70$
$n = 5$
$FV = 1.000$
$y = 7,50\%$

Após o aumento do *yield* para 8,00% a.a., o novo valor do *PV* é $ 960,07, que representa uma desvalorização do título de:

$$\frac{979,77 - 960,07}{979,77} = \frac{19,70}{979,77} = 2,01\%$$

5) Qual o *yield* de um título perene que paga continuamente um cupom *C* = $ 50/ano e é negociado inicialmente por *PV* = $ 850?

Resolução

Nesse tipo de título, há a relação:

$$y = \frac{C}{PV}$$

$$y = \frac{\$ 50}{\$ 850} = 5,88\% \text{ a.a.}$$

6) Qual o valor atual de um título de cupom 0, valor de resgate final de $ 1.200, daqui a 12 anos, sendo o atual *yield* de 11,5% a.a.?

Resolução:

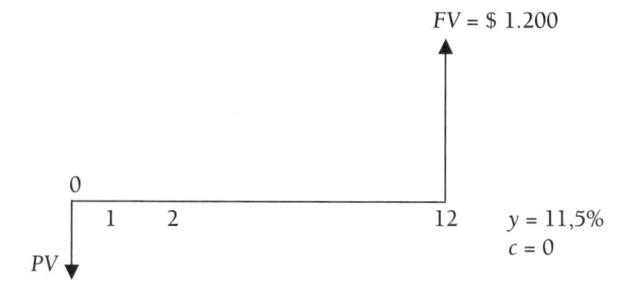

O valor atual $PV = \dfrac{FV}{(1+y)^{12}} = \dfrac{1.200}{(1,115)^{12}} = \$ 325$

7) Um fundo de investimento deseja comprar um título de três anos, a decorrer até o resgate, para manutenção em carteira até a data final de resgate. Tem duas opções a considerar:

Título A: *FV* = $ 1.000; cupom: $ 40; *yield* 8,50% a.a.
Título B: *FV* = $ 1.000; cupom: $ *c*; valor atual de mercado $ 860

Escolher o melhor título. Determinar o cupom de B para que o *yield* desse segundo título seja o mesmo do primeiro.

Resolução

Como os títulos têm o mesmo valor de resgate daqui a três anos, deverá ser escolhido aquele que tiver o menor valor atual, o que no caso também representa o de maior *yield*.

O título A tem valor atual PV_A igual a $ 885,07. O título B tem valor atual PV_B igual a $ 860.

Deve ser escolhido o título B, de menor *PV*. O título B, para apresentar hoje o mesmo *yield* de 8,50% a.a. que o título A, deverá ter o seu cupom c valendo: $ 30,184/ano, conforme o seguinte cálculo:

Título B:

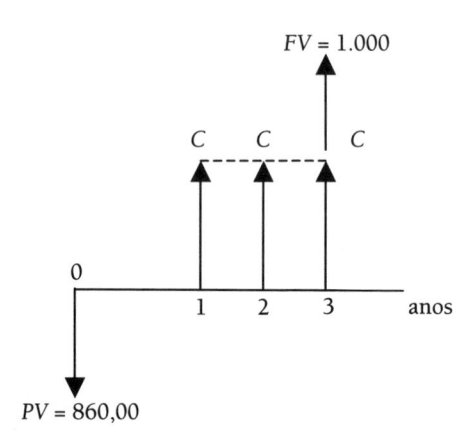

$$860 = \frac{C}{1,0850} + \frac{C}{(1,0850)^2} + \frac{C}{(1,0850)^3}$$

$$860 = C \cdot \left(\frac{1}{1,0850} + \frac{1}{1,0850^2} + \frac{1}{1,0850^3} \right) + \frac{1.000}{1,0850^3}$$

$$860 = C \cdot 2,5540 + 782,91$$

$$C = \$ \ 30,184/ano$$

8) Qual a *duration* de um título de quatro anos, valor de resgate \$ 1.200, que paga cupons diferenciados C_1 = \$ 10, C_2 = \$ 50, C_3 = \$ 70, C_4 = \$ 70 nos finais dos anos 1, 2, 3 e 4, sendo o *yield* de 10% a.a.?

Resolução

Aplicando a fórmula da *duration*:

$$d = \frac{1\dfrac{C_1}{(1+y)} + 2\dfrac{C_2}{(1+y)^2} + 3\dfrac{C_3}{(1+y)^3} + 4\dfrac{(C_4+FV)}{(1+y)^4}}{\dfrac{C_1}{(1+y)} + \dfrac{C_2}{(1+y)^2} + \dfrac{C_3}{(1+y)^3} + \dfrac{(C_4+FV)}{(1+y)^4}}$$

$$d = \frac{1\dfrac{10}{(1,10)} + 2\dfrac{50}{(1,10)^2} + 3\dfrac{70}{(1,10)^3} + 4\dfrac{(70+1.000)}{(1,10)^4}}{\dfrac{10}{(1,10)} + \dfrac{50}{(1,10)^2} + \dfrac{70}{(1,10)^3} + \dfrac{(70+1.000)}{(1,10)^4}}$$

$$d = \frac{9,0909 + 82,6446 + 157,7760 + 2.923,2976}{9,0909 + 41,3223 + 52,5920 + 730,8244} = \frac{3.172,8091}{833,8296}$$

$$d = 3,8051 \text{ anos}$$

9) Qual o título de menor *duration*?

Título A: FV = \$ 2.000; cupom: \$ 100/ano; prazo: quatro anos
Título B: FV = \$ 1.000; cupom: \$ 200/ano; prazo: quatro anos

A atual taxa de mercado para identificação do *yield* dos dois títulos é de 10% ao ano.

Resolução

As *durations* dos dois títulos, à taxa de *yield* de 10% a.a. são apresentadas a seguir:

Título A:

$$d_A = \frac{1\dfrac{100}{(1,10)} + 2\dfrac{100}{(1,10)^2} + 3\dfrac{100}{(1,10)^3} + 4\dfrac{(100+2.000)}{(1,10)^4}}{\dfrac{100}{(1,10)} + \dfrac{100}{(1,10)^2} + \dfrac{100}{(1,10)^3} + \dfrac{(100+2.000)}{(1,10)^4}}$$

$$d_A = \frac{90,9091+165,2893+225,3944+5.737,3130}{90,9091+82,6446+75,1315+1.434,3283} = \frac{6.218,9058}{1.683,0135}$$

$$d_A = 3,70 \text{ anos}$$

Título B:

$$d_B = \frac{1\dfrac{200}{(1,10)} + 2\dfrac{200}{(1,10)^2} + 3\dfrac{200}{(1,10)^3} + 4\dfrac{(200+1.000)}{(1,10)^4}}{\dfrac{200}{(1,10)} + \dfrac{200}{(1,10)^2} + \dfrac{200}{(1,10)^3} + \dfrac{(200+1.000)}{(1,10)^4}}$$

$$d_B = \frac{181,8182+1330,5785+450,7889+3.278,4646}{181,8182+165,2983+150,2630+819,6161} = \frac{4.241,6502}{1.317,5903}$$

$$d_B = 3,22 \text{ anos}$$

O título B tem menor *duration*, deve ser preferido.

10) Um título de valor de resgate $FV = \$ 1.000$ é negociado na data atual (10 anos antes do resgate) com deságio de 10%. Sendo $c = \$ 80$/ano o valor do cupom, calcule o *yield* do título.

Resolução

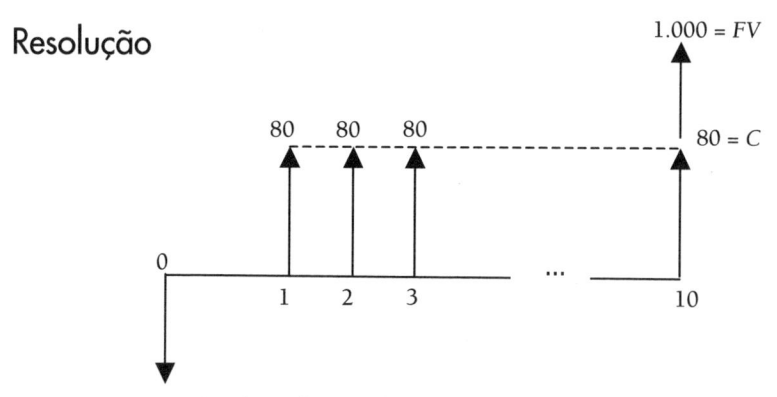

PV = 900 (com deságio de 10% sobre 1.000)

TIR = *yield* = 9,60% (cálculo pela HP-12C)

11) Se no caso do exercício 10, o título fosse negociado ao par (pelo valor de resgate), qual seria o *yield* do título nessa data.

Resolução

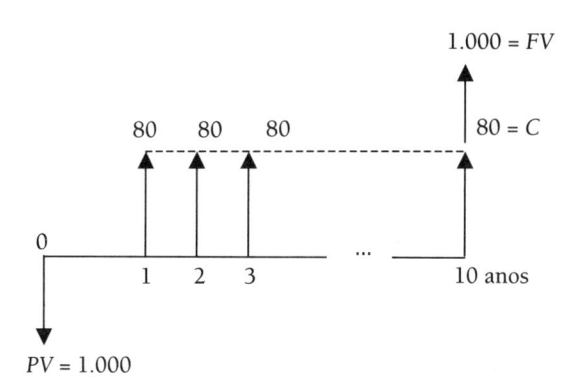

TIR = *yield* = 8,00% (taxa do cupom)

12) Se o título do exercício 10 tivesse o valor do cupom C = $ 100 e na data atual fosse negociado com ágio de 4% sobre o valor de face ou resgate, qual seria o valor do *yield*?

Resolução

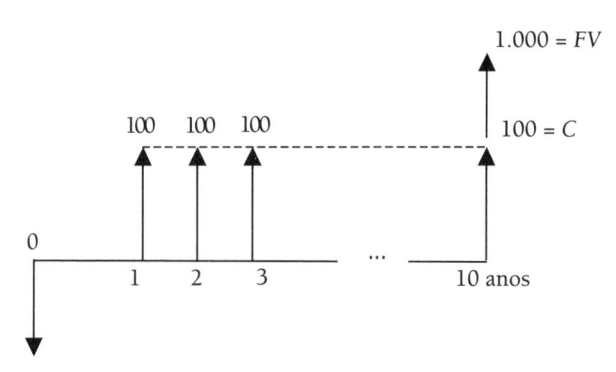

TIR = *yield* = 9,37% a.a. (pela HP-12C)

13) Um título de cinco anos, valor de resgate final FV = $ 1.000, cupom anual c = $ 50/ano é subscrito na data atual (data 0), quando o *yield* é de 8,00% a.a. para esse tipo de papel no mercado. Dois anos após essa subscrição o detentor do título o vende no mercado, quando o *yield* atingia 7,00% ao ano. Imediatamente, após essa venda, a taxa de juros aumenta para o nível de 7,50% ao ano. Tendo que vender o título, logo em seguida, o segundo possuidor do título realiza um prejuízo. Pergunta-se:

1º) a rentabilidade obtida pelo primeiro investidor do título
2º) o prejuízo do segundo investidor
3º) o valor de compra do título pelo terceiro investidor e sua taxa de rentabilidade ficando com o título até o resgate final

Desprezar comissões de compra e venda incidentes sobre as negociações do título.

Resolução

1º) Cálculos referentes aos dois primeiros anos:
Data 0: Subscrição do título

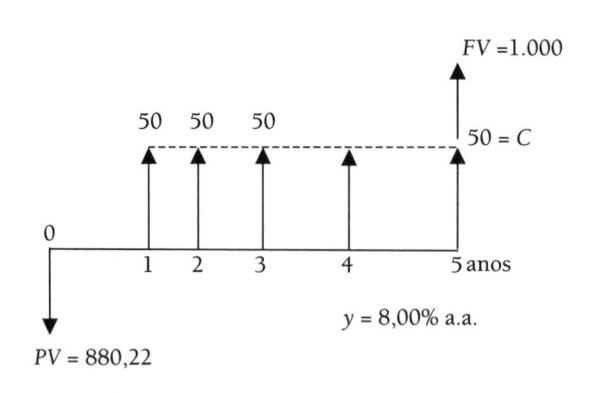

PV calculada na HP-12C é igual a $ 880,22

Data 2: (dois anos após a data 0): Venda do título pelo primeiro comprador por $ 947,51. O fluxo de caixa do segundo comprador (que compra o título por $ 947,51 e ganhará o *yield* de 7% a.a. se ficar com o título até a data 5 final) é:

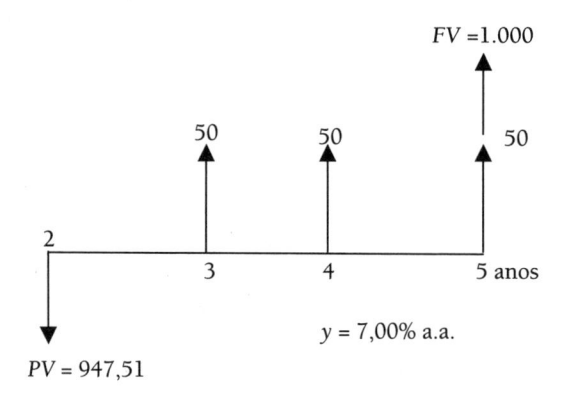

Fluxo de caixa do 1º comprador

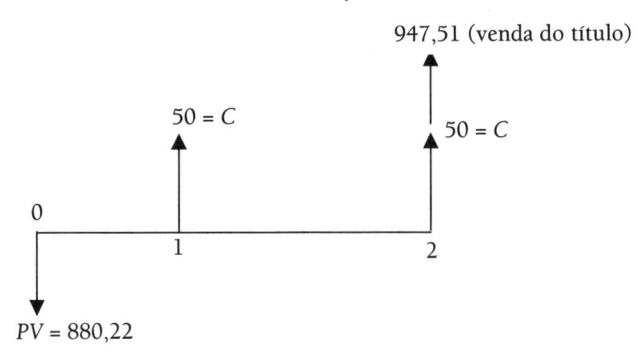

A TIR do primeiro comprador foi de 9,33% a.a.

2º) Prejuízo do segundo investidor com o aumento da taxa de juros:
Imediatamente após a data 2, a taxa de juros se elevando a 7,5% a.a. o novo valor presente do título será: $PV = \$ 934,99$

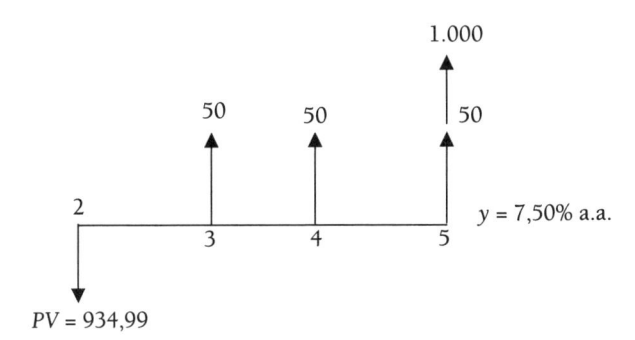

Dessa forma o preço do título cairá de $ 947,51 para $ 934,99, perdendo $ 12,52

ou $\dfrac{\$12,52}{\$947,51} = 1,32\%$

O segundo investidor terá que esperar algum tempo, mantendo esse título em carteira para compensar essa perda de valor. Se ficar até a data do vencimento, tendo comprado na data 2 por $ 947,51, ganhará o *yield* de 7% a.a. (que valia na data 2 da compra do título).

3º) Ganhos do terceiro investidor:
O terceiro investidor que vai comprar o título do segundo aplicador por $ 934,99, *yield* de 7,50% e ficar até a data do resgate final, três anos após, terá rentabilidade de 7,50% ao ano em cima do título.

14) No exercício 13, qual seria a rentabilidade do terceiro possuidor do título se o vendesse a um ano da data de resgate, num momento em que a taxa de juros negociada para esse papel (*yield*) estivesse no nível de 9,00% a.a.?
Obs.: Sendo o 4° cupom recebido pelo terceiro investidor.

Fluxo de caixa do 3° investidor, vendendo o título na data 4

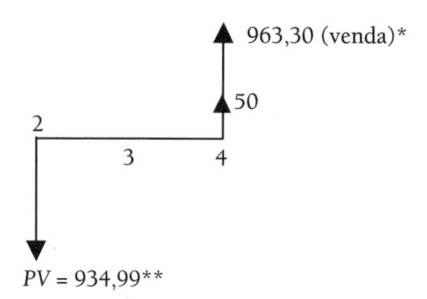

* Ver exercício 15.

** Ver exercício 13.

Resposta

TIR = 6,81% a.a.

15) No exercício 14, qual a rentabilidade do quarto possuidor do título que mantivesse o título até o resgate, comprando-o do terceiro investidor um ano antes do resgate no início do quinto ano do título.

Fluxo de caixa do 4° investidor

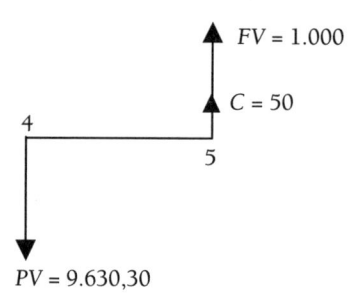

$$PV = \frac{1.050}{1,09} = 9.630,30$$

Resposta:

TIR = 9% a.a.

Impressão e Acabamento:

Grupo SmartPrinter
Soluções em impressão